THE BEATLES BEST

M000168474

ISBN 978-0-88188-597-2

HAL•LEONARD®
CORPORATION

7777 W. BLUEMOUND RD. P.O. BOX 13819 MILWAUKEE, WI 53213

THE BEATLES BEST
GUITAR

_____ CONTENTS _____

Across The Universe

Words and Music by
John Lennon and Paul McCartney

that call me on and on — a-cross — the un-i-verse. Thoughts me-an - der like a rest - less

wind in -side a let-ter box, they tum -ble blind -ly as they make their way a-cross the un-i - verse. ___

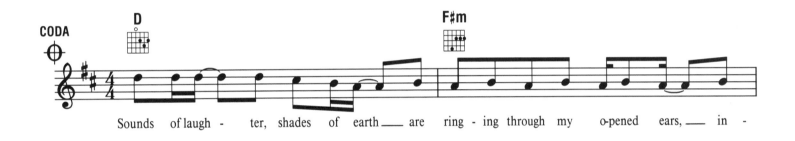

Sounds of laugh - ter, shades of earth ___ are ring -ing through my o-pened ears, ___ in -

cit - ing and in - vit - ing me. ___ Lim-it - less ___ un-dy-ing love ___ which

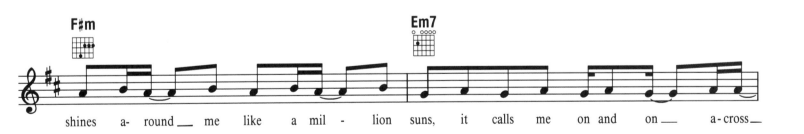

shines a- round ___ me like a mil - lion suns, it calls me on and on ___ a-cross ___

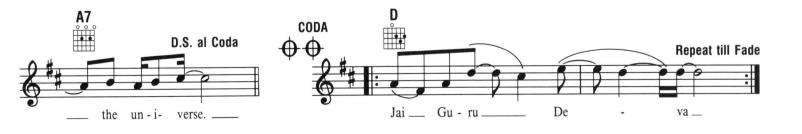

___ the un-i - verse. ___ Jai ___ Gu - ru ___ De - va ___

All My Loving

Words and Music by
John Lennon and Paul McCartney

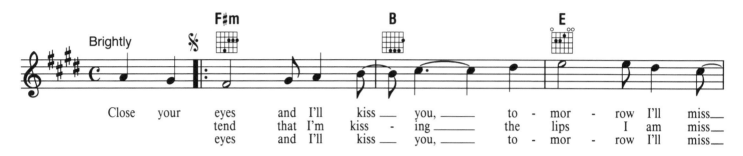

Close your eyes and I'll kiss you, to-mor-row I'll miss
tend that I'm kiss-ing the lips I am miss-
eyes and I'll kiss you, to-mor-row I'll miss

you, Re-mem-ber I'll al-ways be true
-ing, And hope that my dreams will come true
you, Re-mem-ber I'll al-ways be true

And then while I'm a-way, I'll write home ev-'ry day,

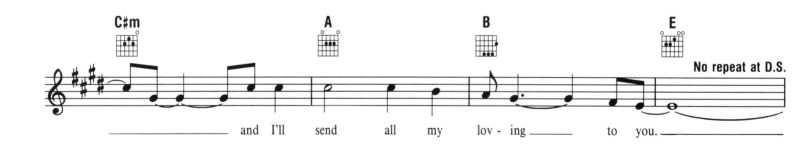

and I'll send all my lov-ing to you.

No repeat at D.S.

7

I'll pre-   All my lov-ing   I will send to you

All my lov-ing,   dar-ling I'll be true.

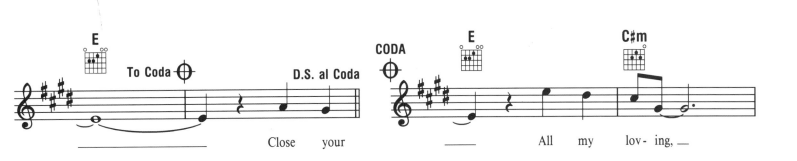

Close your   All my lov-ing,

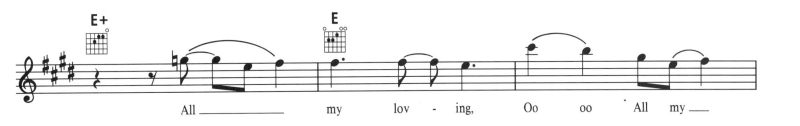

All   my lov-ing, Oo oo All my

lov-ing,   I will send   to you.

All Together Now

Words and Music by
John Lennon and Paul McCartney

now (All to-geth-er now) All to-geth-er now. Black, white, green, red,

Can I take my friend to bed? Pink, brown, yel-low, or-ange and blue, I love you.

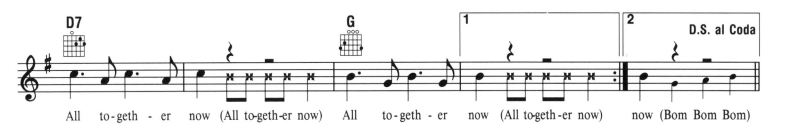

(All to-geth-er now) All to-geth-er now (All to-geth-er now) All to-geth-er now (All to-geth-er now)

All to-geth-er now (All to-geth-er now) All to-geth-er now (All to-geth-er now) now (Bom Bom Bom)

All to-geth-er now (All to-geth-er now) All to-geth-er now (All to-geth-er now)

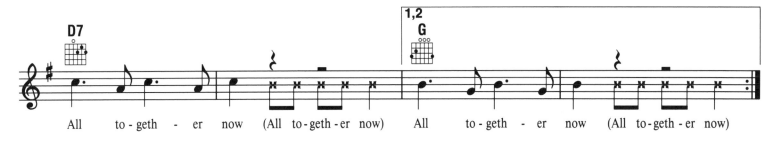

All to-geth-er now (All to-geth-er now) All to-geth-er now (All to-geth-er now)

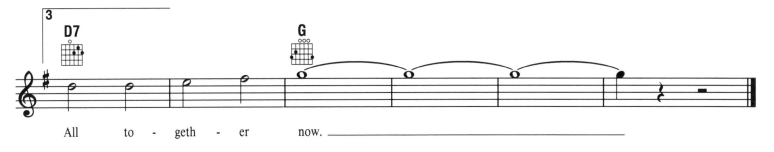

All to-geth-er now.

All You Need Is Love

Words and Music by
John Lennon and Paul McCartney

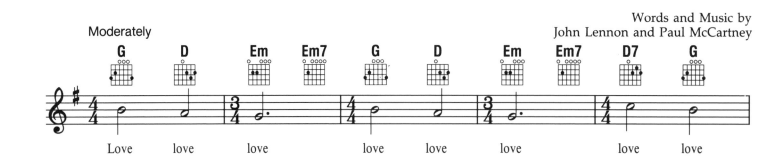

Love   love   love   love   love   love   love   love

love

There's no-thing you can do that can't be done___
There's no-thing you can make that can't be made___
There's no-thing you can know that is-n't known___

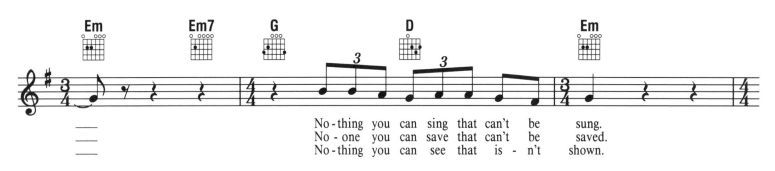

No-thing you can sing that can't be sung.
No-one you can save that can't be saved.
No-thing you can see that is-n't shown.

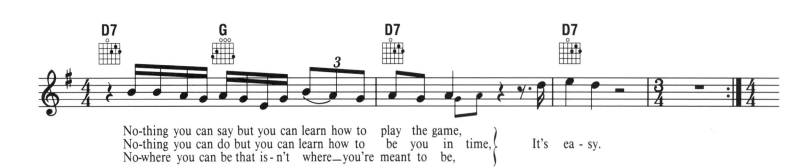

No-thing you can say but you can learn how to play the game,
No-thing you can do but you can learn how to be you in time,   It's ea-sy.
No-where you can be that is-n't where you're meant to be,

All you need is love ___   All you need is love, ___   All you need is love, ___

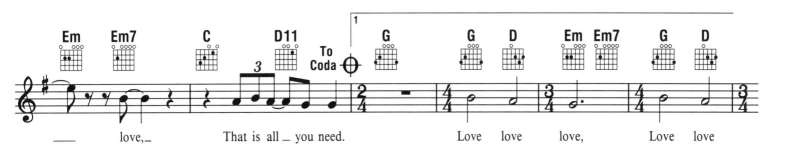

Em Em7 C D11 To Coda G G D Em Em7 G D

___ love,___ That is all ___ you need. Love love love, Love love

Em Em7 D7 G D7 2 G D.S. al Coda

love, Love love love.

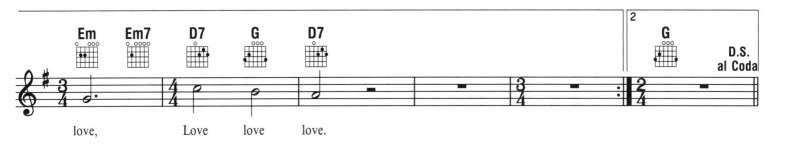

CODA G A11 D7

All you need is love (Spoken) All to-geth-er now ___

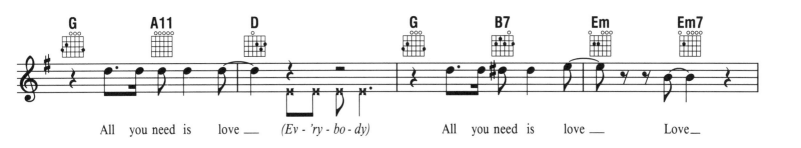

G A11 D G B7 Em Em7

All you need is love ___ (Ev-'ry-bo-dy) All you need is love ___ Love ___

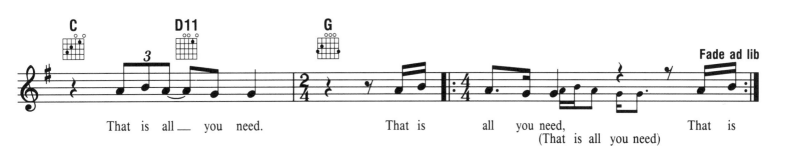

C D11 G Fade ad lib

That is all ___ you need. That is all you need, That is
(That is all you need)

And I Love Her

Words and Music by
John Lennon and Paul McCartney

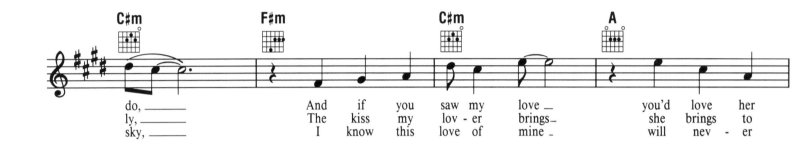

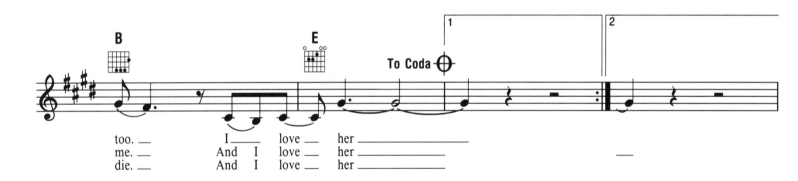

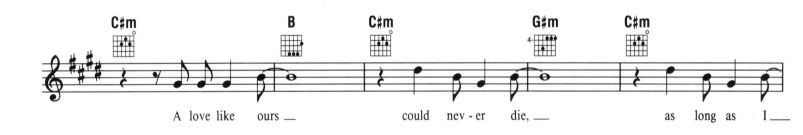

Blackbird

Words and Music by
John Lennon and Paul McCartney

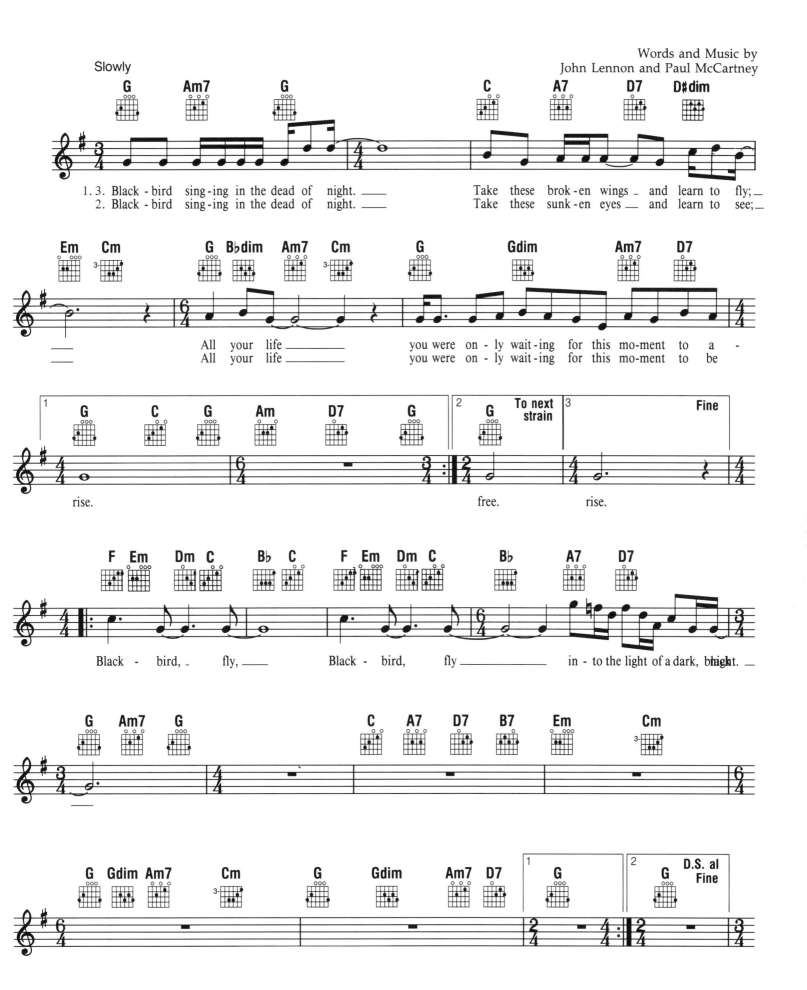

Anytime At All

Words and Music by
John Lennon and Paul McCartney

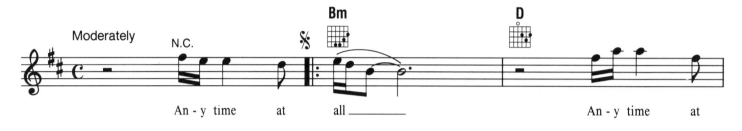

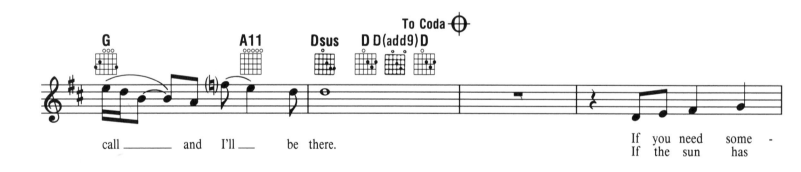

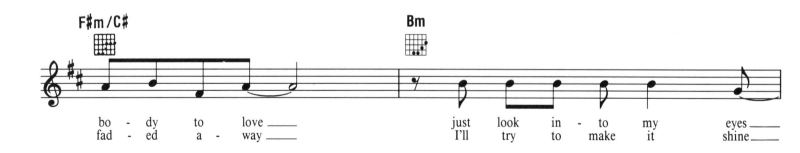

I'll __ be there __ to make you _____ feel __ right. __
There is no - thing I _____ won't __ do. __

If you're feel - ing sor - ry and sad __ I'd real - ly sym - pa - thise. __
If you need a shoul - der to cry __ on I hope it will be mine. __

Don't you be sad, __ just call me _____ to - night __
Call me to - night __ and I'll come _____ to __ you __

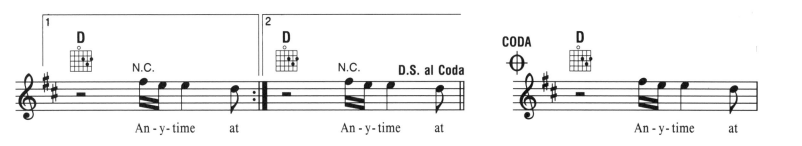

N.C. An - y - time at
N.C. D.S. al Coda An - y - time at
CODA An - y - time at

all _____ All __ you've got to do is call _____ and I'll __ be there. _____

Baby, You're A Rich Man

Words and Music by
John Lennon and Paul McCartney

How does it feel ___ to be one of the beau - ti - ful peo - ple?

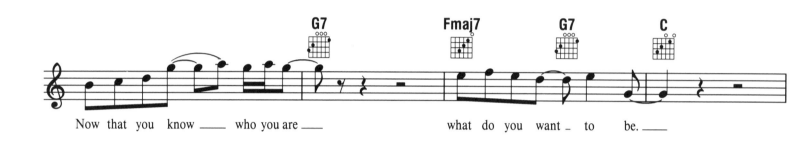

Now that you know ___ who you are ___ what do you want _ to be. ___

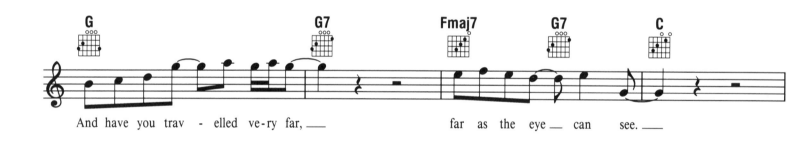

And have you trav - elled ve-ry far, ___ far as the eye _ can see. ___

How does it feel ___ to be one of the beau - ti - ful peo - ple?

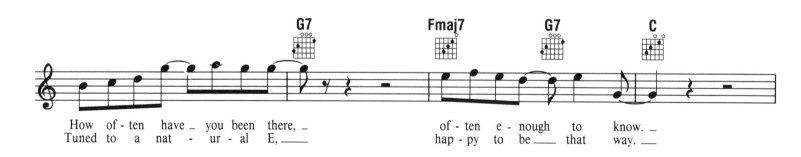

How of - ten have _ you been there, _ of - ten e - nough to know. _
Tuned to a nat - ur - al E, ___ hap - py to be ___ that way. _

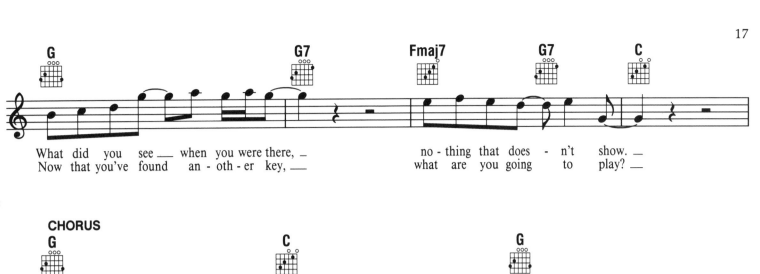

What did you see ___ when you were there, ___   no - thing that does - n't show. ___
Now that you've found an - oth - er key, ___   what are you going to play? ___

CHORUS

Ba - by you're a rich man,   Ba - by you're a rich man,   Ba - by you're a rich man

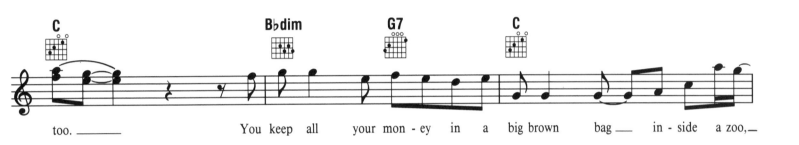

too. ___   You keep all your mon - ey in a big brown bag ___ in - side a zoo, ___

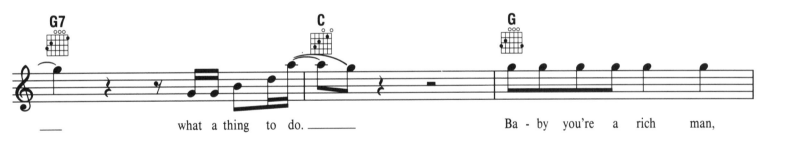

___   what a thing to do. ___   Ba - by you're a rich man,

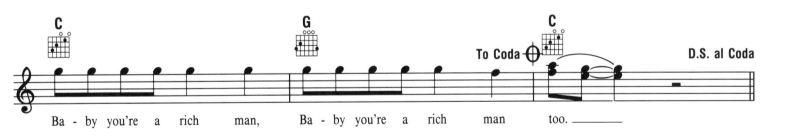

Ba - by you're a rich man,   Ba - by you're a rich man too. ___

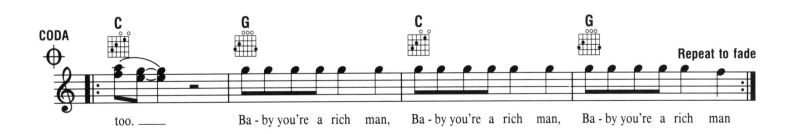

too. ___   Ba - by you're a rich man,   Ba - by you're a rich man,   Ba - by you're a rich man

Baby's In Black

Words and Music by
John Lennon and Paul McCartney

Moderately

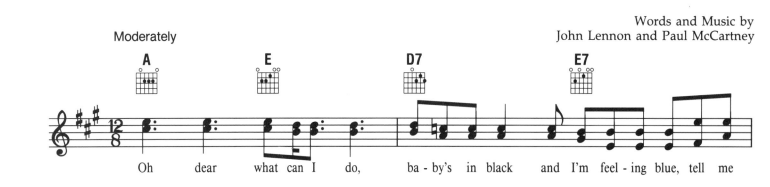

Oh dear what can I do, ba-by's in black and I'm feel-ing blue, tell me

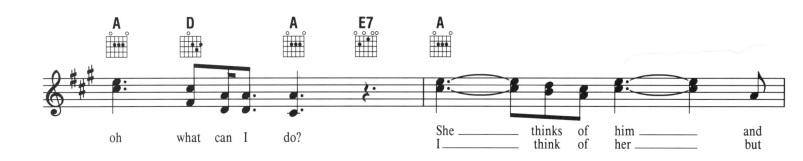

oh what can I do?
She _____ thinks of him _____ and
I _____ think of her _____ but

so she dress-es in black, and though he'll nev-er come back, she's dressed in black.
she thinks on-ly of him, and though it's on-ly a whim, she thinks of

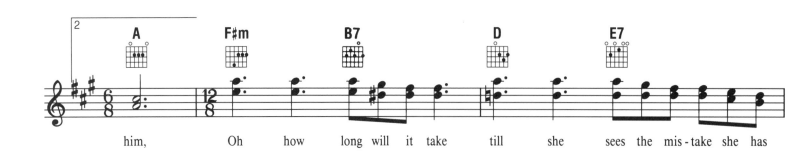

him, Oh how long will it take till she sees the mis-take she has

made, Dear what can I do? ba-by's in black and I'm feel-ing blue, tell me oh what can I do?

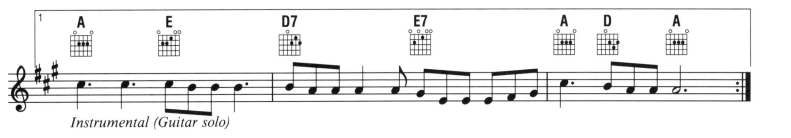

Instrumental (Guitar solo)

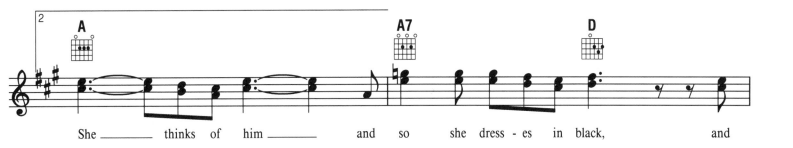

She _____ thinks of him _____ and so she dress-es in black, and

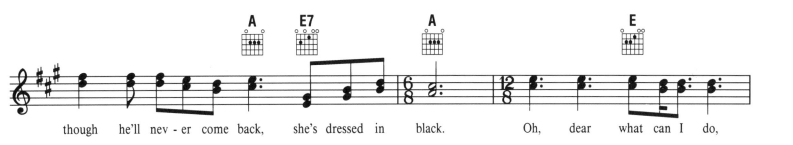

though he'll nev-er come back, she's dressed in black. Oh, dear what can I do,

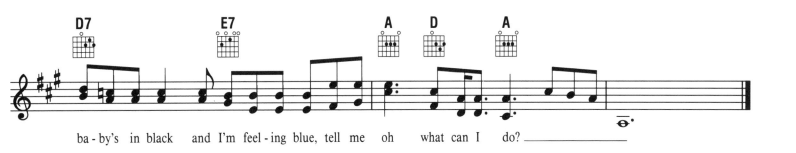

ba-by's in black and I'm feel-ing blue, tell me oh what can I do? _____

Back In The U.S.S.R.

Words and Music by
John Lennon and Paul McCartney

Flew in from Mi - a - mi Beach B. O. A. C. ___ Did -
Been a - way so long I hard - ly knew the place. ___ Gee ___
Show me round your snow -peaked moun - tains way down South. ___ Take ___

- n't get to bed last night ___ On ___ the way the pa - per bag was
___ it's good to be back home ___ Leave ___ it till to - mor - row to un -
___ me to your dad - dy's farm ___ Let ___ me hear your ba - la - lai - kas

on my knee, ___ Man ___ I had a dread - ful flight. ___ } I'm back in the U. S. S. R. ___
pack my case, ___ Ho - ney, dis - con - nect the phone. ___ }
ring - ing out ___ Come ___ and keep your com - rade warm. ___ }

___ Hey You don't know how luck - y you are ___ Boy ___ Back in the U. S. S. R. ___

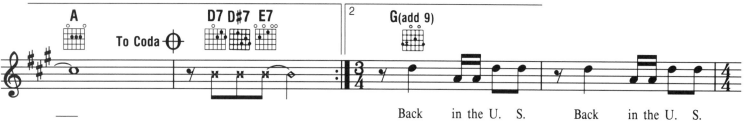

___ Back in the U. S. Back in the U. S.

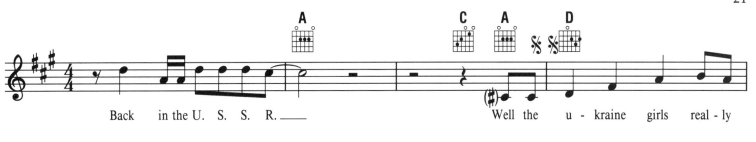

Back in the U. S. S. R. ___ Well the u - kraine girls real - ly

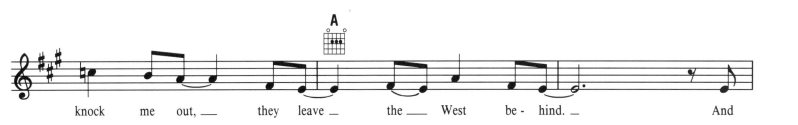

knock me out, ___ they leave ___ the ___ West be - hind. ___ And

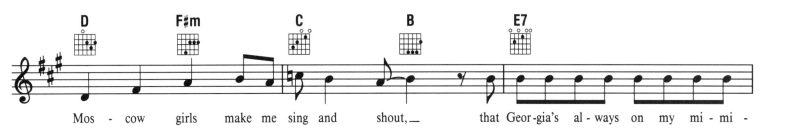

Mos - cow girls make me sing and shout, ___ that Geor-gia's al - ways on my mi - mi -

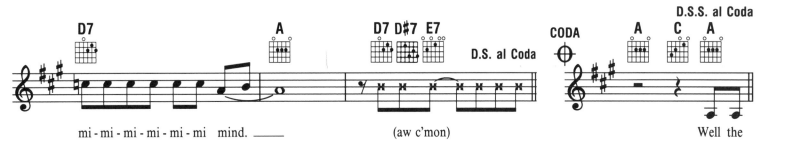

mi - mi - mi - mi - mi - mi mind. _____ (aw c'mon) Well the

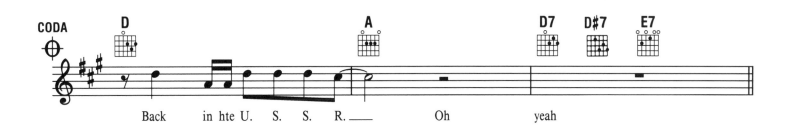

Back in hte U. S. S. R. ___ Oh yeah

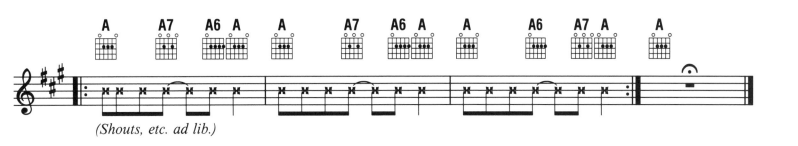

(Shouts, etc. ad lib.)

The Ballad Of John And Yoko

Words and Music by
John Lennon and Paul McCartney

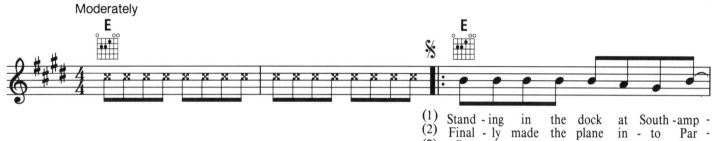

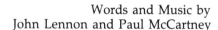

Moderately

(1) Stand - ing in the dock at South - amp -
(2) Final - ly made the plane in - to Par -
(3) Pa - ris to the Ams - ter - dam Hil -
(4) Made a light - ning trip to Vi - en -
(5) Caught the ear - ly plane back to Lon -

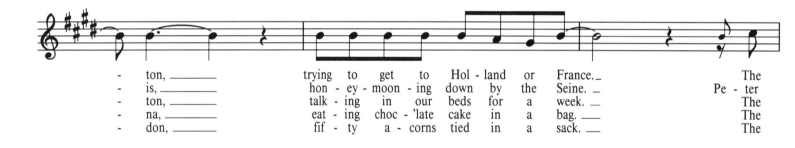

- ton, _____ trying to get to Hol - land or France. _ The
- is, _____ hon - ey - moon - ing down by the Seine. _ Pe - ter
- ton, _____ talk - ing in our beds for a week. _ The
- na, _____ eat - ing choc - 'late cake in a bag. __ The
- don, _____ fif - ty a - corns tied in a sack. _ The

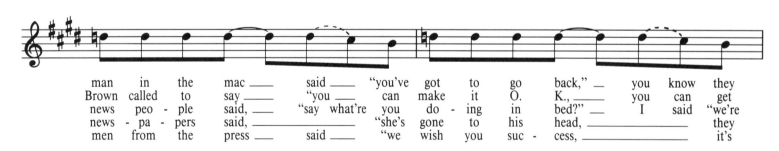

man in the mac _____ said _____ "you've got to go back," _ you know they
Brown called to say _____ "you _____ can make it O. K., _____ you can get
news peo - ple said, _____ "say what're you do - ing in bed?" _ I said "we're
news - pa - pers said, _____ "she's gone to his head, _____ they
men from the press _____ said _____ "we wish you suc - cess, _____ it's

did - n't ev - en give us a chance. _)
mar - ried in Gib - ral - tar near Spain." _) Christ! You know it ain't eas - y, _
on - ly trying to get us some peace." _)
look just like two Gu - rus in drag." _)
good to have the both of you back." _)

you know how hard it can be. ___ The way things are go - ing _ they're going to cru-ci- fy ___

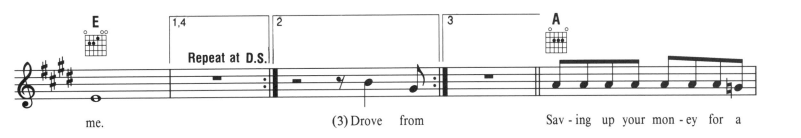

me. (3) Drove from Sav - ing up your mon - ey for a

rain - y day, ___ giv-ing all your clothes to cha - ri - ty. Last night the wife said,

"Oh boy, when you're dead you don't take no-thing with you but your soul" ____ Think!

me. The way things are go - ing ___ they're going to cru-ci- fy ___

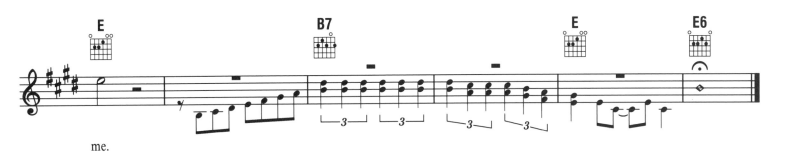

me.

Because

Words and Music by
John Lennon and Paul McCartney

Moderately

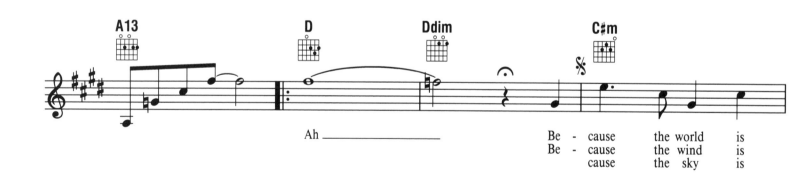

Ah _____

Be - cause the world is
Be - cause the wind is
cause the sky is

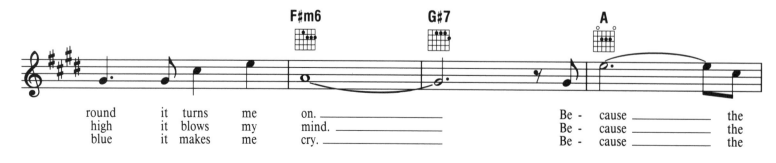

round it turns me on. _____ Be - cause _____ the
high it blows my mind. _____ Be - cause _____ the
blue it makes me cry. _____ Be - cause _____ the

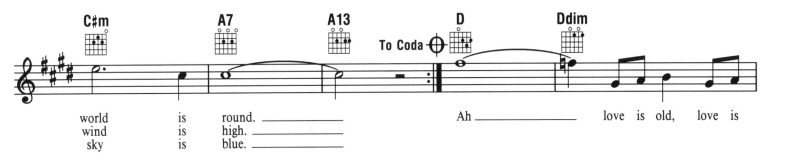

world is round. _____
wind is high. _____
sky is blue. _____

Ah _____ love is old, love is

new, Love is all, love is you. Be -

Ah _____

Ah

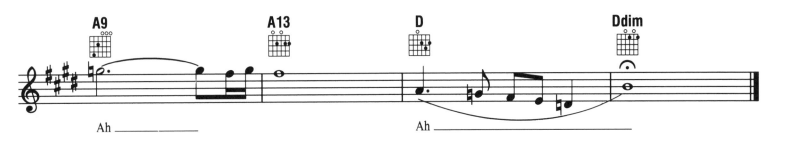

Ah _____   Ah _____

Birthday

Words and Music by
John Lennon and Paul McCartney

Moderately bright

You say it's your birth - day,   It's

my birth - day too, __ yeah. They say it's your birth - day, We're

gon - na have a good time. I'm glad it's your birth - day, Hap - py

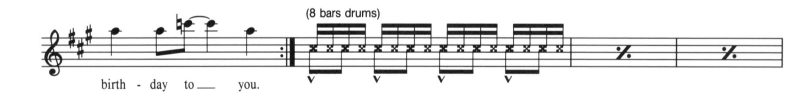

birth - day to __ you. (8 bars drums)

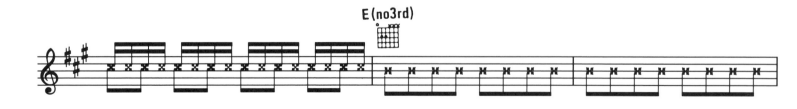

27

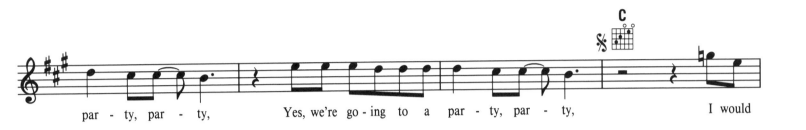

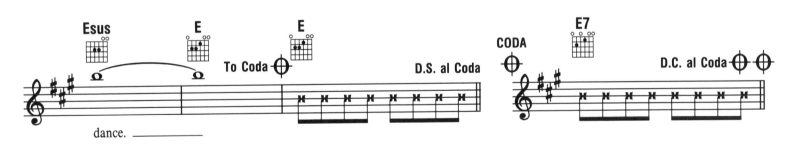

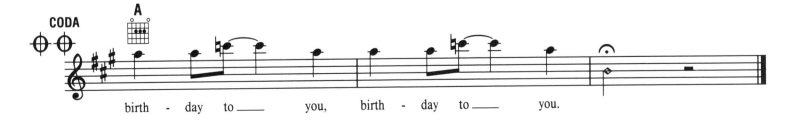

Can't Buy Me Love

Words and Music by
John Lennon and Paul McCartney

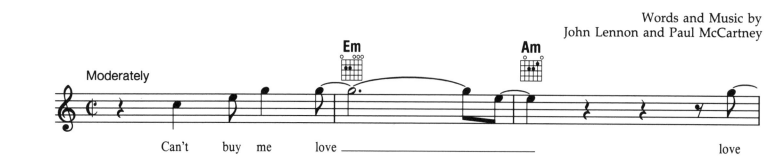

Moderately

Can't buy me love _____ love

_____ Can't buy me love _____ I'll

buy you a dia - mond ring ___ my friend _ if it makes you feel al - right
give you all I've got ___ to give _ if you say you love me too
Say you don't need no dia - mond ring _ and I'll be sat - is - fied

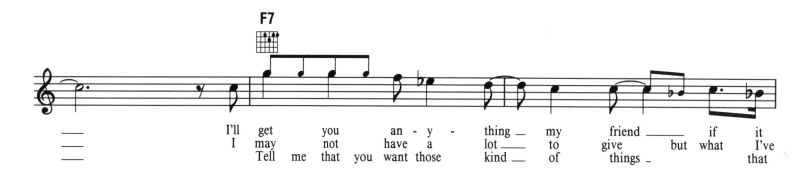

___ I'll get you an - y - thing _ my friend _____ if it
___ I may not have a lot ___ to give but what I've
___ Tell me that you want those kind _ of things _ that

makes you feel al - right ___ For
got I'll give to you ___ For I don't care too
mon - ey just can't buy ___

much for mon - ey, for mon - ey can't buy me love. ____ I'll

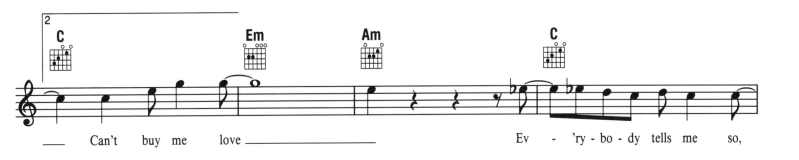

____ Can't buy me love _____ Ev - 'ry - bo - dy tells me so,

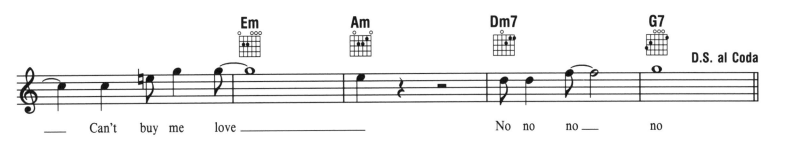

____ Can't buy me love _____ No no no ____ no

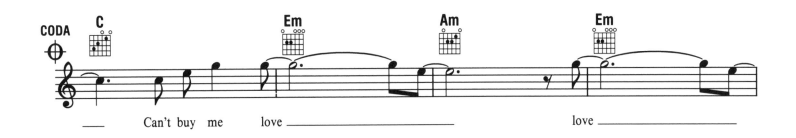

____ Can't buy me love _____ love _____

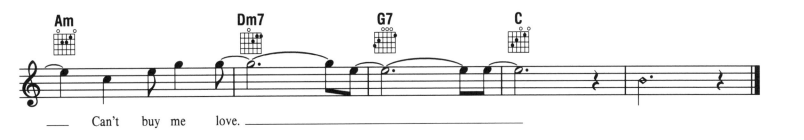

____ Can't buy me love. _____

Carry That Weight

Words and Music by
John Lennon and Paul McCartney

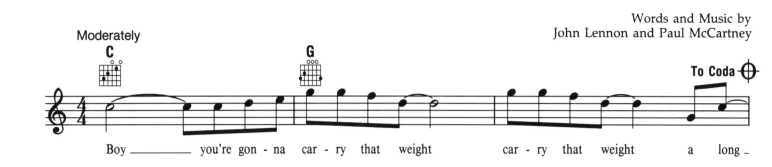

Boy _____ you're gon - na car - ry that weight car - ry that weight a long _

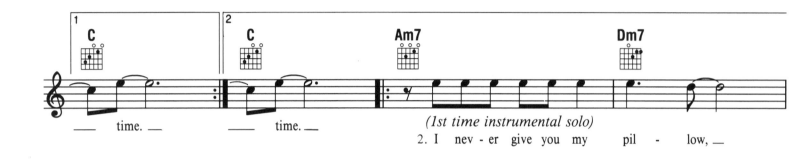

_ time. _ _ time. _ *(1st time instrumental solo)*
2. I nev - er give you my pil - low, _

I on - ly send you my in - vi - ta - tions and in the mid - dle of the

D.C. al Coda (with repeats)

cel - e - bra - tions I *(Instrumental solo)* break down. _

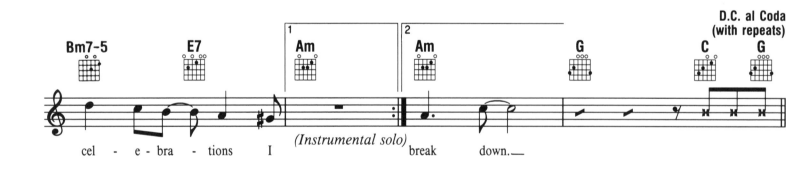

CODA

_ time. _

Come Together

Words and Music by
John Lennon and Paul McCartney

A Day In The Life

Words and Music by
John Lennon and Paul McCartney

I read the news to-day_ oh boy,
He blew his mind out in_ a car,
I saw a film to-day_ oh boy,
I heard the news to-day_ oh boy,

A-bout a luck-y man who
He did-n't no-tice that the
The Eng-lish arm-y had just
Four thou-sand holes in Black-burn,

made the grade.
lights had changed.
won the war.
Lan-ca-shire.

And though the news_ was ra-ther sad,
A crowd of peo-ple stood and stared,
A crowd of peo-ple turned a-way,
And though the holes_ were ra-ther small,

Well I just had to la - augh. _
They'd seen his face be-fore. _
But I just had to look. _
They had to count them all. _

I saw the pho-to-gra - aph. _

No-bo-dy was real-ly sure if he was from the House of Lords.

Hav-ing read the

book. I'd love to turn _ you _ on.

Day Tripper

Words and Music by
John Lennon and Paul McCartney

Do You Want To Know A Secret

Words and Music by
John Lennon and Paul McCartney

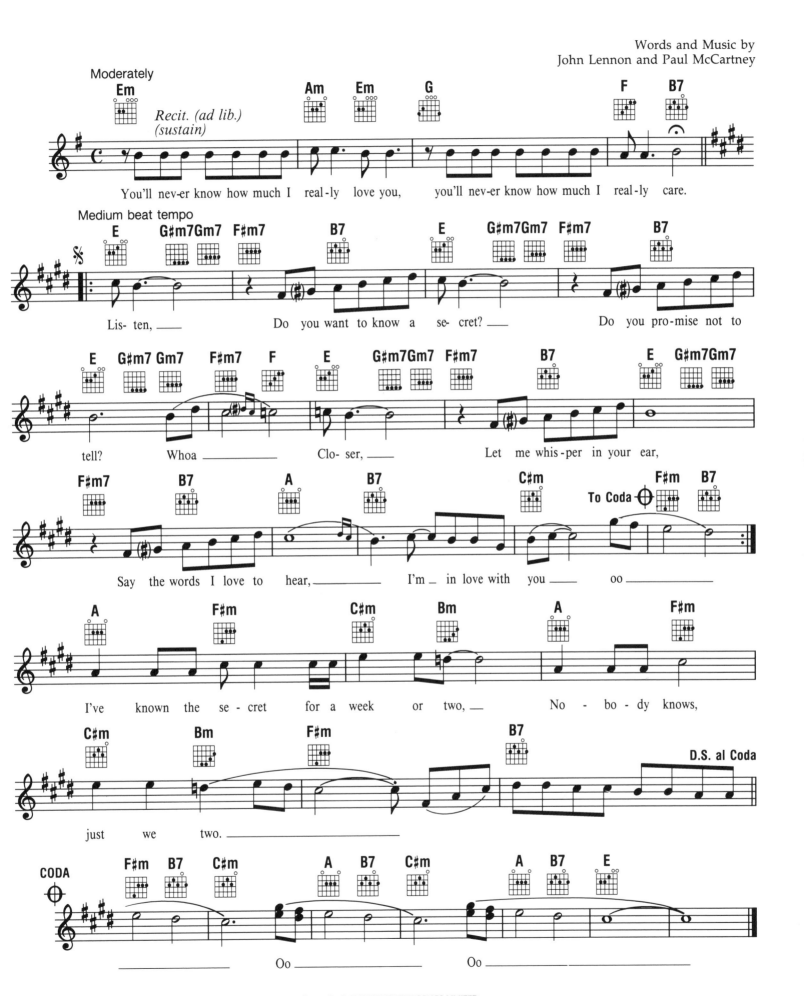

Dear Prudence

*4th time Guitar figure
(cue notes)*

Words and Music by
John Lennon and Paul McCartney

Don't Bother Me

Words and Music by
George Harrison

Moderately

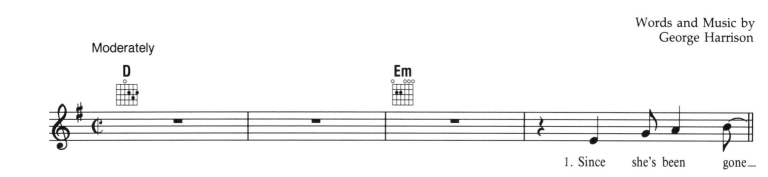

1. Since she's been gone—

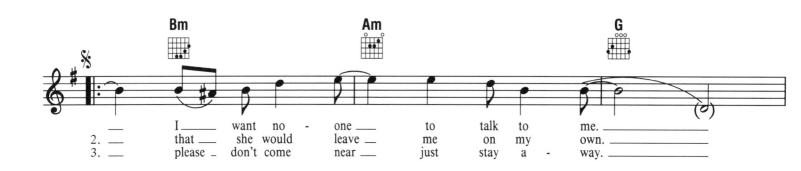

2. — that __ she would leave __ me on my own. __
3. — please __ don't come near __ just stay a - way. __

I __ want no - one __ to talk to me. __

It's not the same, __ but I am to blame __ It' plain to __ see.
It's just not right, __ when ev - 'ry night __ I'm all a - lone.
I'll let you know __ when she's come home __ Un - til that day

Last Time To Coda

So go a - way, __ leave me a - lone, __
I've got no time __ for you right now, __
Don't come a - round, __ leave me a - lone, __

Don't bo - ther me. ___
Don't bo - ther me.
Don't bo - ther me. ___

2. I can't be - lieve ___ I know I'll

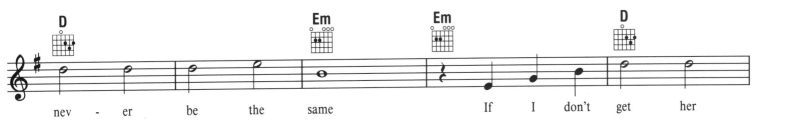

nev - er be the same If I don't get her

back ___ a - gain, Be - cause I know she'll al - ways

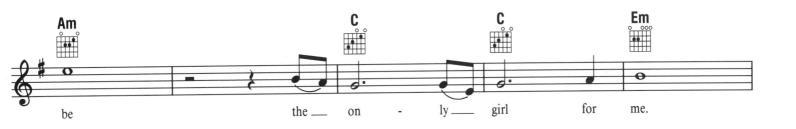

be the ___ on - ly ___ girl for me.

D.S. al Coda

3. But till she's here ___

CODA

Repeat and Fade

___ Don't bo - ther me. ___

Don't Let Me Down

Words and Music by
John Lennon and Paul McCartney

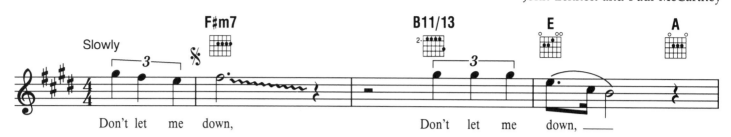

Slowly

Don't let me down, Don't let me down, ___

Don't let me down, ___ Don't let me down. ___

No-bo-dy ev-er loved me like she does. _ Ooh she does ___ yes, she
And from the first time that she real-ly done me. Ooh she done me, she done me

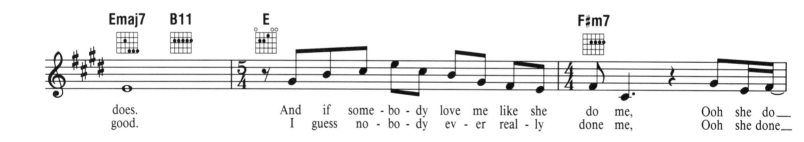

does. And if some-bo-dy love me like she do me, Ooh she do_
good. I guess no-bo-dy ev-er real-ly done me, Ooh she done_

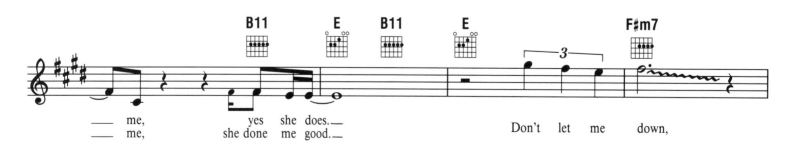

___ me, yes she does._ Don't let me down,
___ me, she done me good._

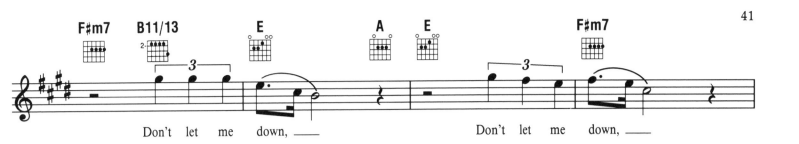

Don't let me down, _____ Don't let me down, _____

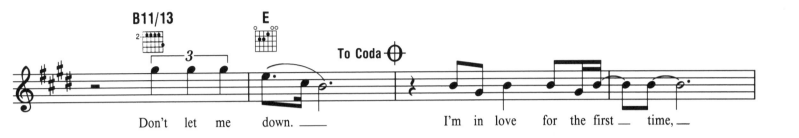

Don't let me down. _____ I'm in love for the first _____ time, _____

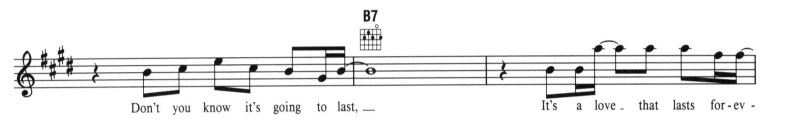

Don't you know it's going to last, _____ It's a love _____ that lasts for-ev-

- er, _____ It's a love that had no _____ past. _____ Don't let me

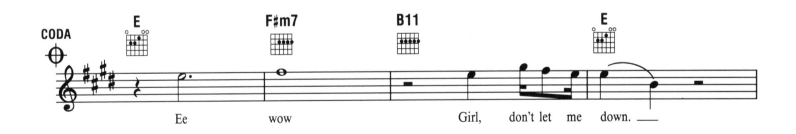

Ee wow Girl, don't let me down. _____

Oh don't let me down, Don't let me down. _____

Drive My Car

Words and Music by
John Lennon and Paul McCartney

Asked a girl what she want-ed to be, ____
I told that girl that my pros-pects were good, ____
I told that girl I could start right a - way, ____

She said, "Ba - by, can't you see? ____
She said, "Ba - by, it's un - der - stood, ____
She said, "Ba - by I've got some-thing to say, ____

I wan-na be fa-mous, a
Work-ing for pea-nuts is
I got no car and it's

star of the screen, ____ But you can do some-thing in be - tween. ____
all ve - ry fine, ____ But I can show you a bet - ter time," ____
break-ing my heart, ____ But I've found a dri - ver, that's a start." ____

"Ba - by you can drive my car, ____ Yes, I'm gon - na be a star. ____

____ Ba - by, you can drive my car, ____ and may - be I'll love

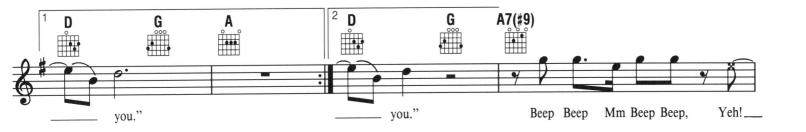

_____ you." _____ you." Beep Beep Mm Beep Beep, Yeh! _____

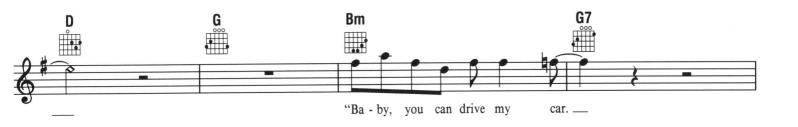

_____ "Ba - by, you can drive my car. _____

Yes, I'm gon - na be a star. _____ Ba - by, you can drive my car, _____

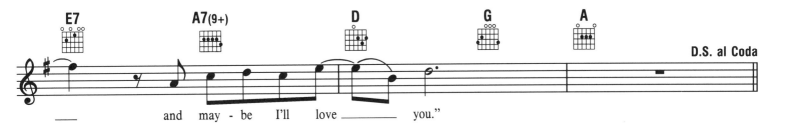

_____ and may - be I'll love _____ you."

_____ you." Beep Beep Mm Beep Beep Yeh! _____

Eight Days A Week

Words and Music by
John Lennon and Paul McCartney

Moderately

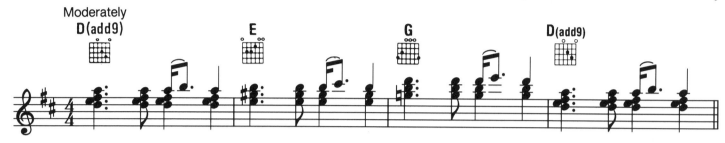

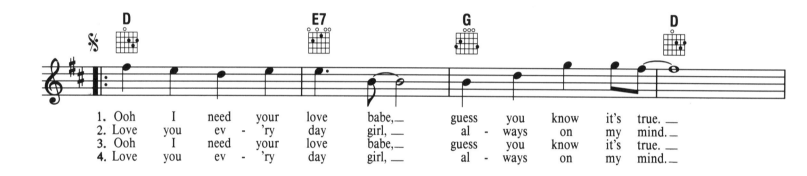

1. Ooh   I   need   your   love   babe,___   guess   you   know   it's   true. ___
2. Love   you   ev - 'ry   day   girl, ___   al - ways   on   my   mind.___
3. Ooh   I   need   your   love   babe,___   guess   you   know   it's   true. ___
4. Love   you   ev - 'ry   day   girl, ___   al - ways   on   my   mind.___

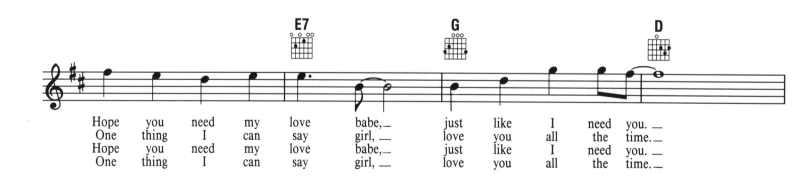

Hope   you   need   my   love   babe,___   just   like   I   need   you. ___
One   thing   I   can   say   girl, ___   love   you   all   the   time. ___
Hope   you   need   my   love   babe,___   just   like   I   need   you. ___
One   thing   I   can   say   girl, ___   love   you   all   the   time. ___

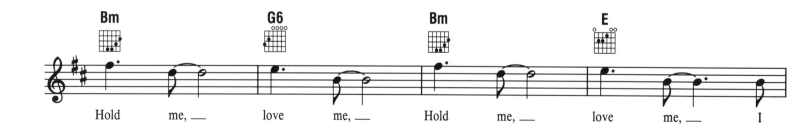

Hold   me, ___   love   me, ___   Hold   me, ___   love   me, ___   I

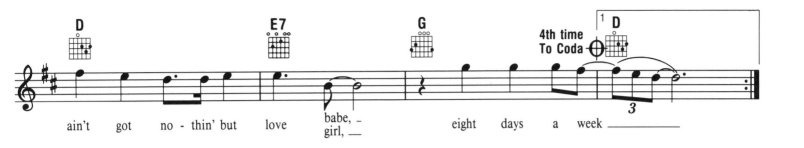

ain't got no - thin' but love babe, — girl, — eight days a week _____

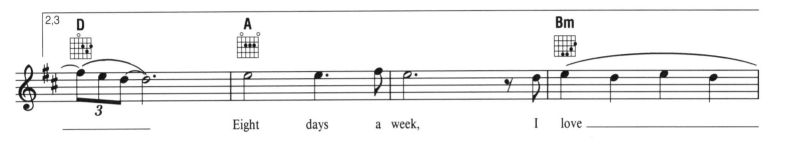

_____ Eight days a week, I love _____

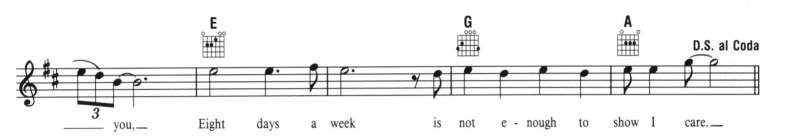

_____ you, — Eight days a week is not e - nough to show I care. —

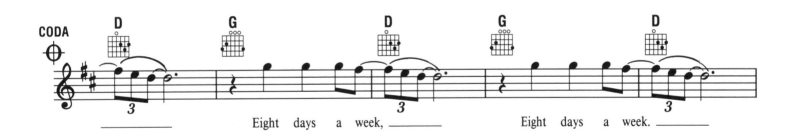

_____ Eight days a week, _____ Eight days a week. _____

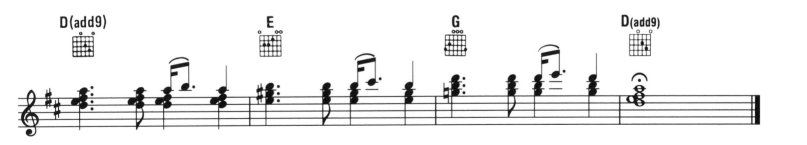

Eleanor Rigby

Words and Music by
John Lennon and Paul McCartney

Moderately, with a steady beat

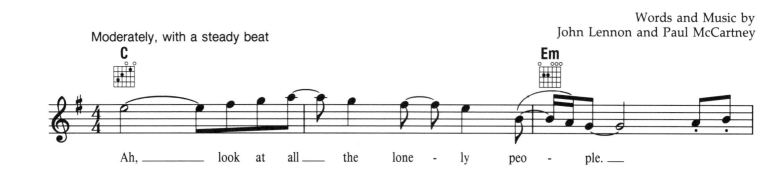

Ah, _____ look at all _____ the lone - ly peo - ple. _____

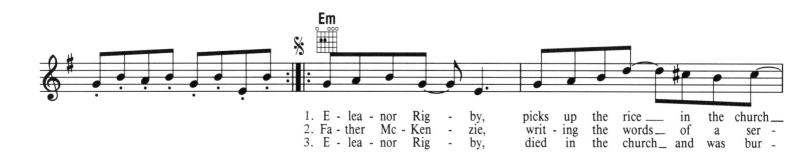

1. E - lea - nor Rig - by, picks up the rice _____ in the church _____
2. Fa - ther Mc - Ken - zie, writ - ing the words _____ of a ser -
3. E - lea - nor Rig - by, died in the church _____ and was bur -

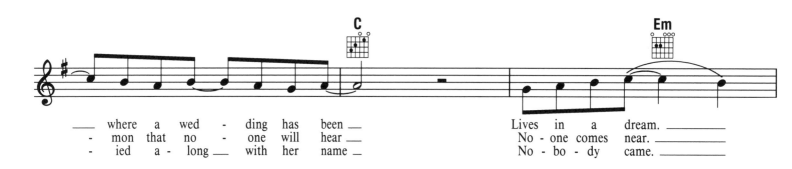

_____ where a wed - ding has been _____   Lives in a dream.
- mon that no - one will hear _____   No - one comes near.
- ied a - long _____ with her name _____   No - bo - dy came.

Waits at the win - dow, wear - ing the face _____ that she keeps in a jar _____ by the door. _____
Look at him work - ing, darn - ing his socks _____ in the night _____ when there's no - bo - dy there. _____
Fa - ther Mc - Ken - zie, wip - ing the dirt _____ from his hands _____ as he walks _____ from the grave. _____

To Coda

Who is it for? _____
What does he care? _____   All the lone - ly peo -
No - one was saved. _____

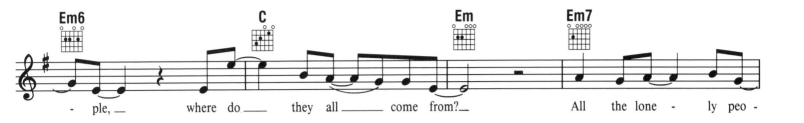

-ple, ___ where do ___ they all ___ come from? ___ All the lone - ly peo -

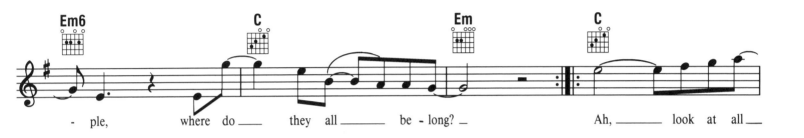

-ple, ___ where do ___ they all ___ be - long? ___ Ah, ___ look at all ___

___ the lone - ly peo - ple. ___

D.S. al Coda

CODA

All the lone - ly peo - ple where do ___ they all ___ come from. ___

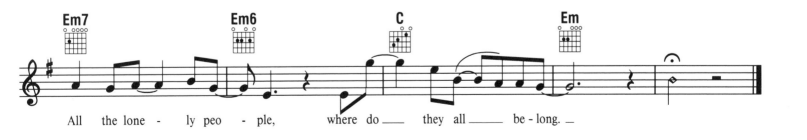

All the lone - ly peo - ple, where do ___ they all ___ be - long.

Every Little Thing

Words and Music by
John Lennon and Paul McCartney

The Fool On The Hill

Words and Music by
John Lennon and Paul McCartney

Fixing A Hole

Words and Music by
John Lennon and Paul McCartney

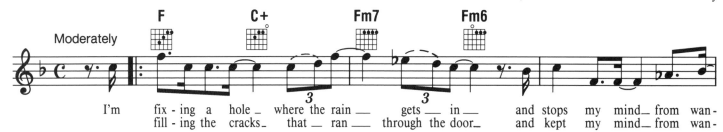

Moderately

I'm fix - ing a hole ___ where the rain ___ gets ___ in ___ and stops my mind ___ from wan -
fill - ing the cracks ___ that ___ ran ___ through the door ___ and kept my mind ___ from wan -

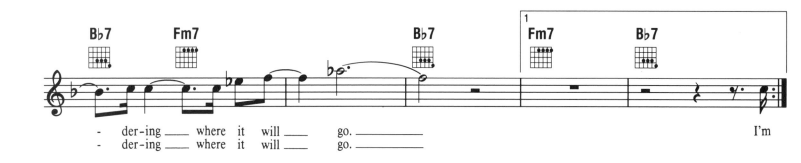

- der-ing ___ where it will ___ go. ___
- der-ing ___ where it will ___ go. ___ I'm

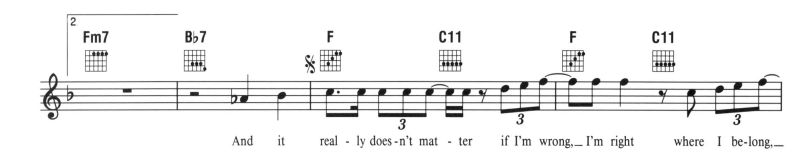

And it real - ly does-n't mat - ter if I'm wrong, ___ I'm right where I be-long,

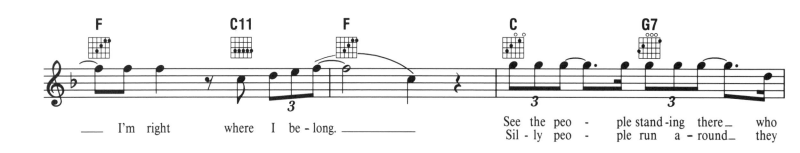

___ I'm right where I be - long. ___ See the peo - ple stand-ing there ___ who
Sil - ly peo - ple run a - round ___ they

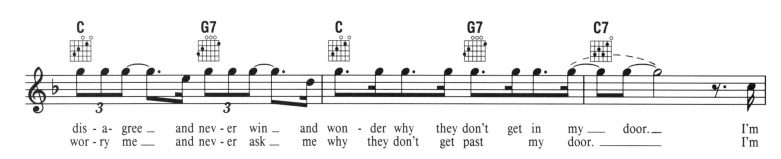

dis - a - gree ___ and nev - er win ___ and won - der why they don't get in my ___ door. ___ I'm
wor - ry me ___ and nev - er ask ___ me why they don't get past my ___ door. ___ I'm

paint - ing my room— in a col - our-ful way,
tak - ing my time— for a num - ber of things

and when my mind— is wan-
that weren't im - por - tant yes-

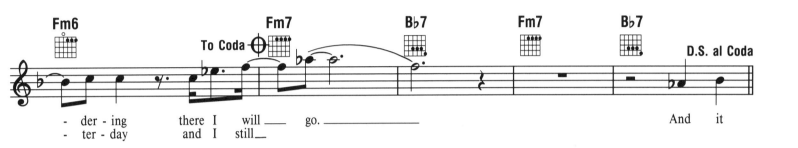

- der - ing there I will — go. _____

And it

- ter-day and I still—

D.S. al Coda

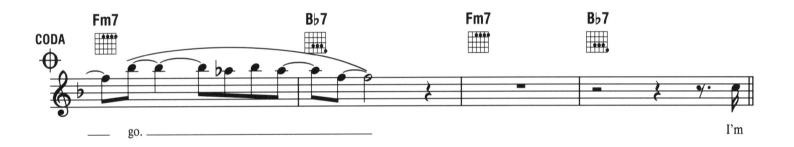

— go. _____

I'm

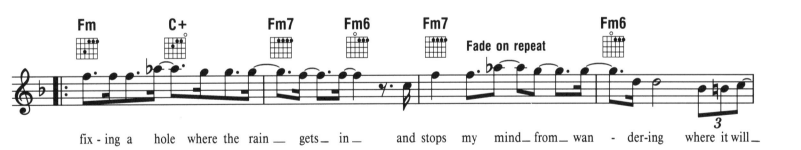

fix - ing a hole where the rain — gets — in — and stops my mind— from — wan - der-ing where it will—

Fade on repeat

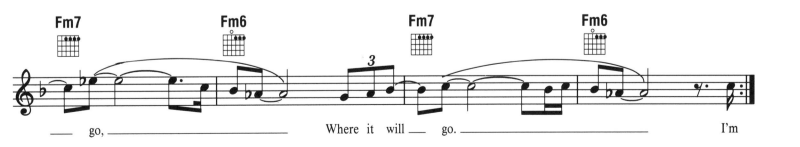

— go, _____ Where it will — go. _____ I'm

For No One

Words and Music by
John Lennon and Paul McCartney

Moderately

CAPO on 2nd fret

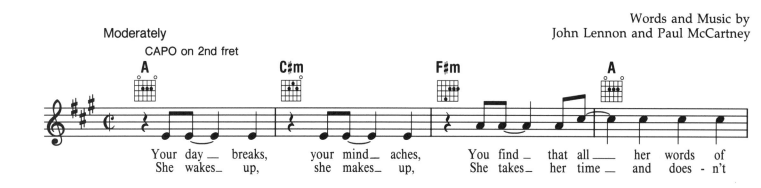

Your day __ breaks, your mind __ aches, You find __ that all __ her words of
She wakes __ up, she makes __ up, She takes __ her time __ and does-n't

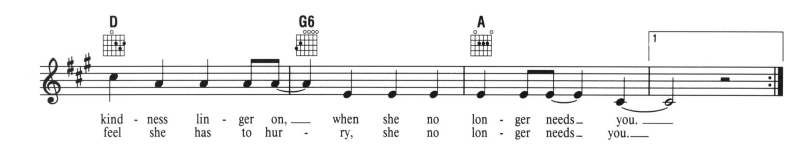

kind-ness lin-ger on, __ when she no lon-ger needs __ you.
feel she has to hur-ry, she no lon-ger needs __ you. __

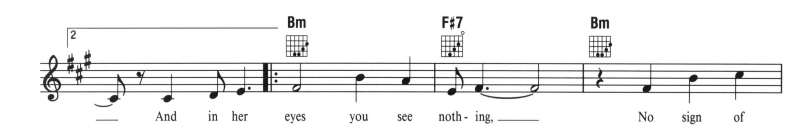

__ And in her eyes you see noth-ing, __ No sign of

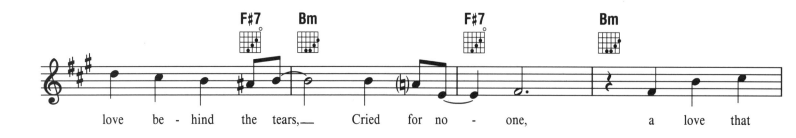

love be-hind the tears, __ Cried for no - one, a love that

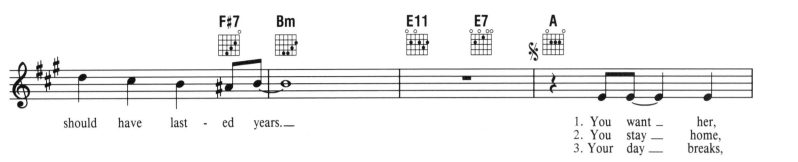

should have last - ed years. —

1. You want __ her,
2. You stay __ home,
3. Your day __ breaks,

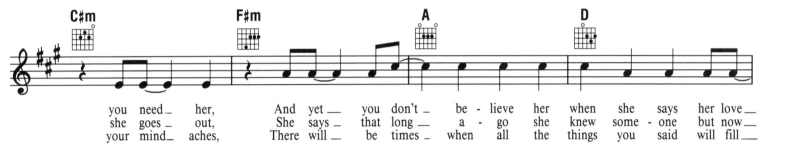

you need __ her,   And yet __ you don't __ be - lieve her when she says her love __
she goes __ out,   She says __ that long __ a - go she knew some - one but now __
your mind __ aches,   There will __ be times __ when all the things you said will fill __

To Coda ⊕   D.S. al Coda

__ is dead, you think she needs __ you. __   And in her
__ he's gone, she does - n't need __ him. __
__ your head, you won't for - get __ her. __

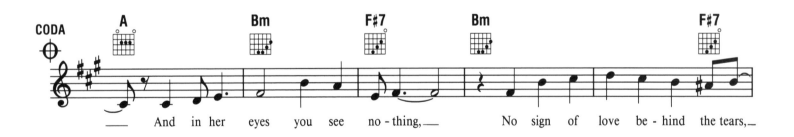

CODA

__ And in her eyes you see no - thing, __   No sign of love be - hind the tears, __

__ Cried for no - one,   A love that should have last - ed years. __

From Me To You

Words and Music by
John Lennon and Paul McCartney

Moderately with a beat

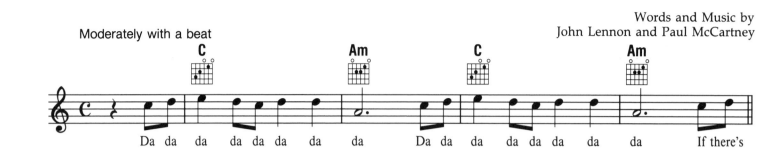

Da da da da da da da da   Da da da da da da da da   If there's

a - ny - thing that you want,   If there's a - ny - thing I can do,   Just

call on me __ and I'll send it a - long __ with love __ from me __ to you. __   I've got

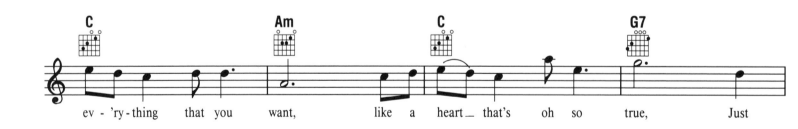

ev - 'ry - thing that you want,   like a heart __ that's oh so true,   Just

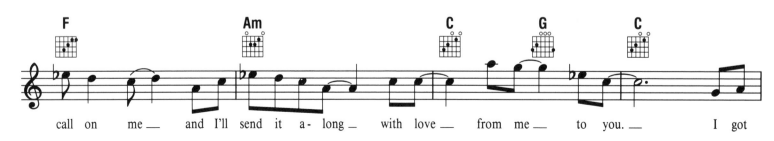

call on me __ and I'll send it a - long __ with love __ from me __ to you. __   I got

arms   that long   to   hold   you   and keep   you   by   my   side,   I got

lips   that long   to   kiss   you   and keep   you   sat - is - fied,   If there's

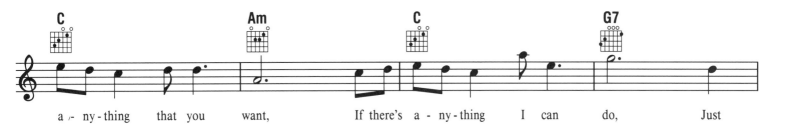

a - ny - thing   that   you   want,   If there's a - ny - thing   I   can   do,   Just

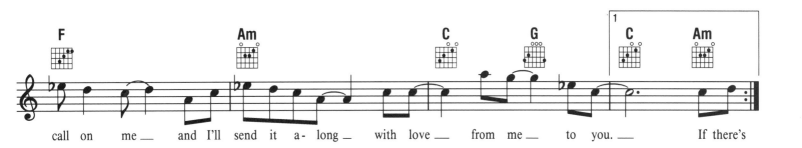

call   on   me   and I'll send   it a - long   with love   from me   to   you.   If there's

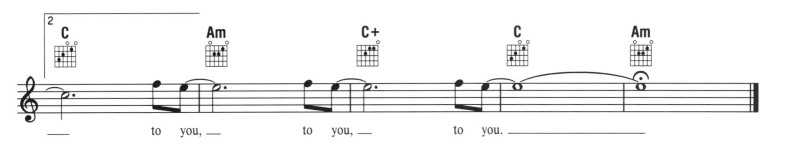

     to you,   to you,   to you.

Get Back

Words and Music by
John Lennon and Paul McCartney

Golden Slumbers

Words and Music by
John Lennon and Paul McCartney

Getting Better

Words and Music by
John Lennon and Paul McCartney

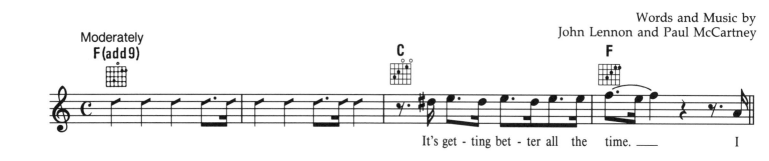

It's get - ting bet - ter all the time. ___ I

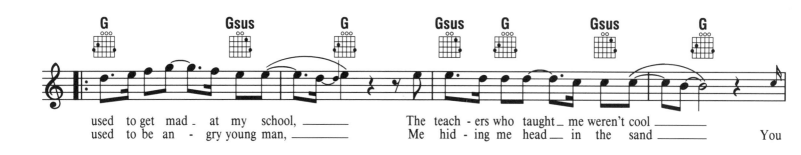

used to get mad at my school, ___ The teach - ers who taught ___ me weren't cool ___
used to be an - gry young man, ___ Me hid - ing me head ___ in the sand ___ You

hold - ing me down, ___ turn - ing me round, ___ Fill - ing me up ___ with your rules. ___ I've
gave me the word, ___ I fin - al - ly heard, ___ I'm do - ing the best ___ that I can. ___ I've

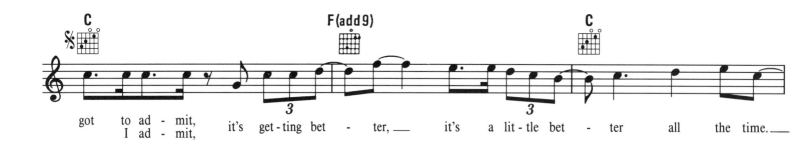

got to ad - mit, it's get - ting bet - ter, ___ it's a lit - tle bet - ter all the time. ___
I ad - mit,

___ I have to ad - mit it's get - ting bet - ter, ___ it's get - ting bet - ter ___ since you've
Yes I ad - mit

been mine. Me Get-ting so much bet-ter all the time.

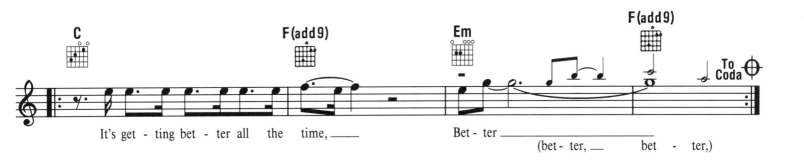

It's get-ting bet-ter all the time, ___ Bet-ter ___ (bet-ter, ___ bet-ter,)

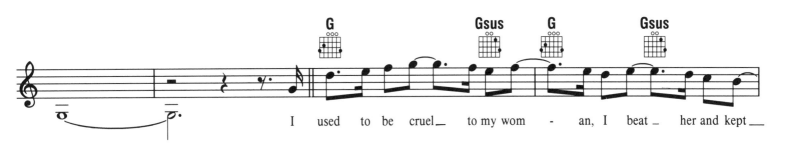

I used to be cruel ___ to my wom ___ an, I beat ___ her and kept ___

___ her a-part ___ from the things ___ that she loved. ___ Man, I was mean ___ but I'm chang-

- ing my scene ___ and I'm do - ing the best ___ that I can. ___

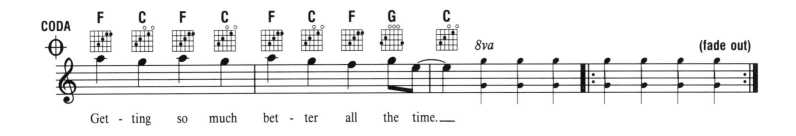

Get-ting so much bet-ter all the time. ___

Girl

Words and Music by
John Lennon and Paul McCartney

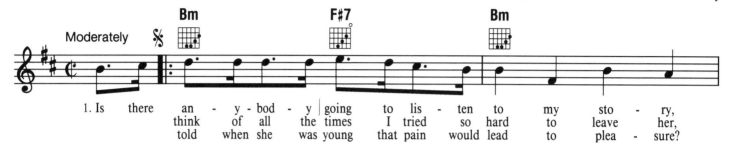

Moderately

1. Is there an-y-bod-y going to lis - ten to my sto - ry,
think of all the times I tried so hard to leave her,
told when she was young that pain would lead to plea - sure?

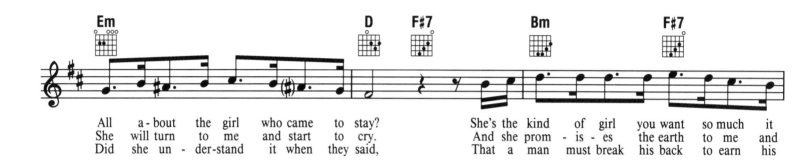

All a-bout the girl who came to stay? She's the kind of girl you want so much it
She will turn to me and start to cry. And she prom - is - es the earth to me and
Did she un - der-stand it when they said, That a man must break his back to earn his

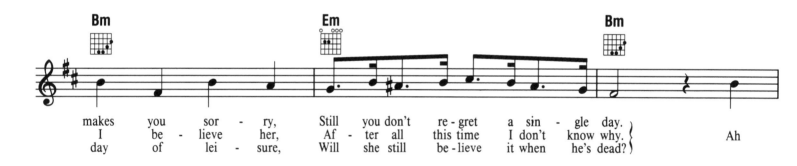

makes you sor - ry, Still you don't re - gret a sin - gle day.
I be - lieve her, Af - ter all this time I don't know why. } Ah
day of lei - sure, Will she still be - lieve it when he's dead? }

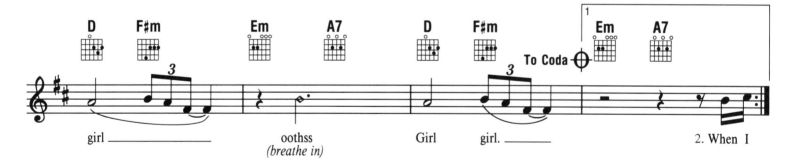

girl _____ oothss Girl girl. _____ 2. When I
(breathe in)

To Coda

She's the kind of girl who puts you down when friends are there, you feel a

fool. ___ (Tu tu tu tu tu tu tu tu tu tu tu tu) When you say she's look-ing good, ___ she

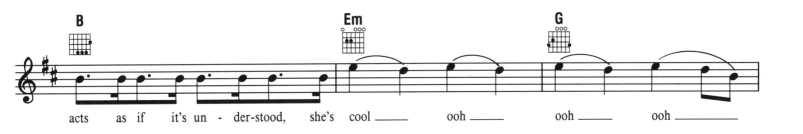

acts as if it's un-der-stood, she's cool ___ ooh ___ ooh ___ ooh ___

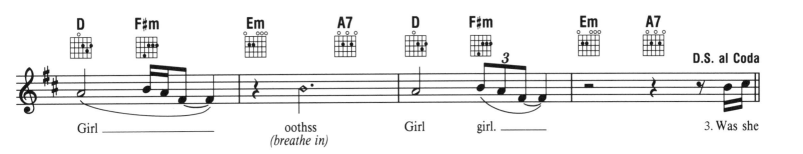

Girl _____ oothss *(breathe in)* Girl girl. _____ 3. Was she

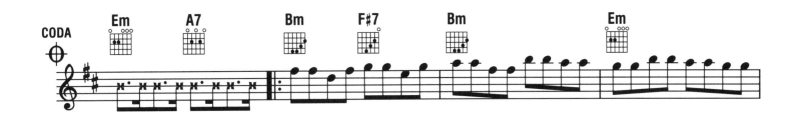

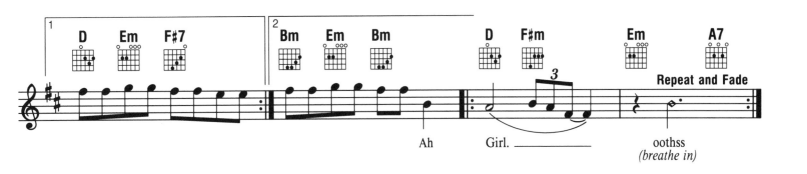

Ah Girl. _____ oothss *(breathe in)*

Good Day Sunshine

Words and Music by
John Lennon and Paul McCartney

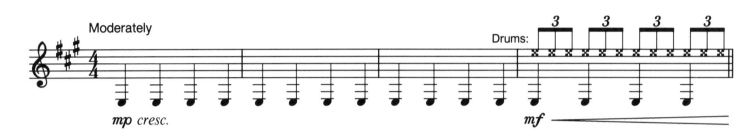

Good day sun - shine, Good day sun - shine.

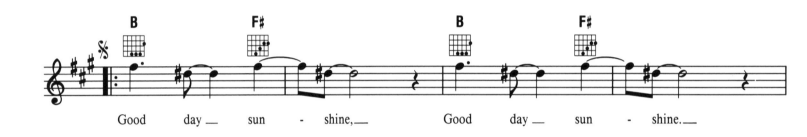

Good day sun - shine.

1. I need to laugh, and when the sun is out
2. We take a walk, the sun is shin-ing down
3. And then we lie, be-neath a shad-y tree

I've got some-thing I can laugh a-bout, I feel good in a spe-cial way,
Burns my feet as they
I love her and she's

63

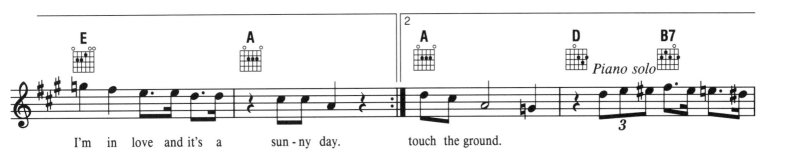

I'm in love and it's a sun-ny day. touch the ground.

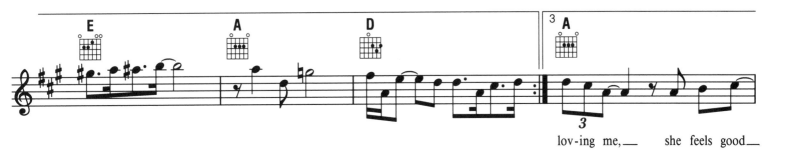

lov-ing me,__ she feels good__

She knows she's look-ing fine.__ I'm so proud to know that she is mine.__

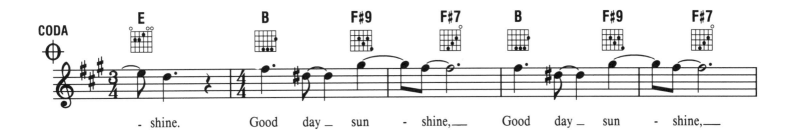

- shine. Good day__ sun - shine,__ Good day__ sun - shine,__

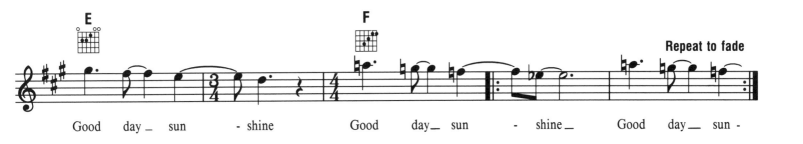

Good day__ sun - shine Good day__ sun - shine__ Good day__ sun -

Got To Get You Into My Life

Words and Music by
John Lennon and Paul McCartney

Very steady (not too fast)

1,4. I was a- lone, — I took a ride, — I did-n't know— what I would
2. You did- n't run, — you did-n't lie, — you know I want- ed just to
3. What can I do, — what can I be, — when I'm with you — I want to

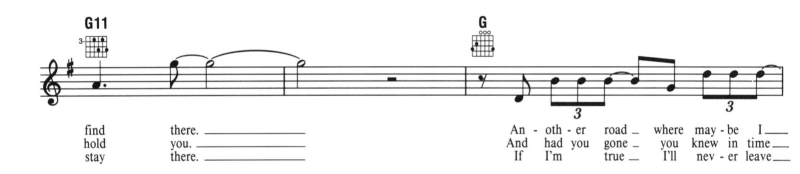

find there. ___
hold you. ___
stay there. ___

An- oth- er road — where may- be I ___
And had you gone — you knew in time ___
If I'm true — I'll nev- er leave ___

___ could see an- oth- er kind of mind there. ___
___ we'd meet a- gain — for I had told you. ___
___ and if I do — I know the way there. ___

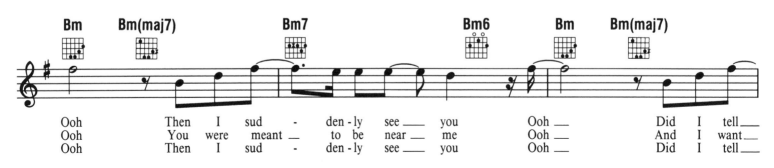

Ooh   Then I sud - den- ly see ___ you   Ooh ___   Did I tell
Ooh   You were meant — to be near me   Ooh ___   And I want
Ooh   Then I sud - den- ly see ___ you

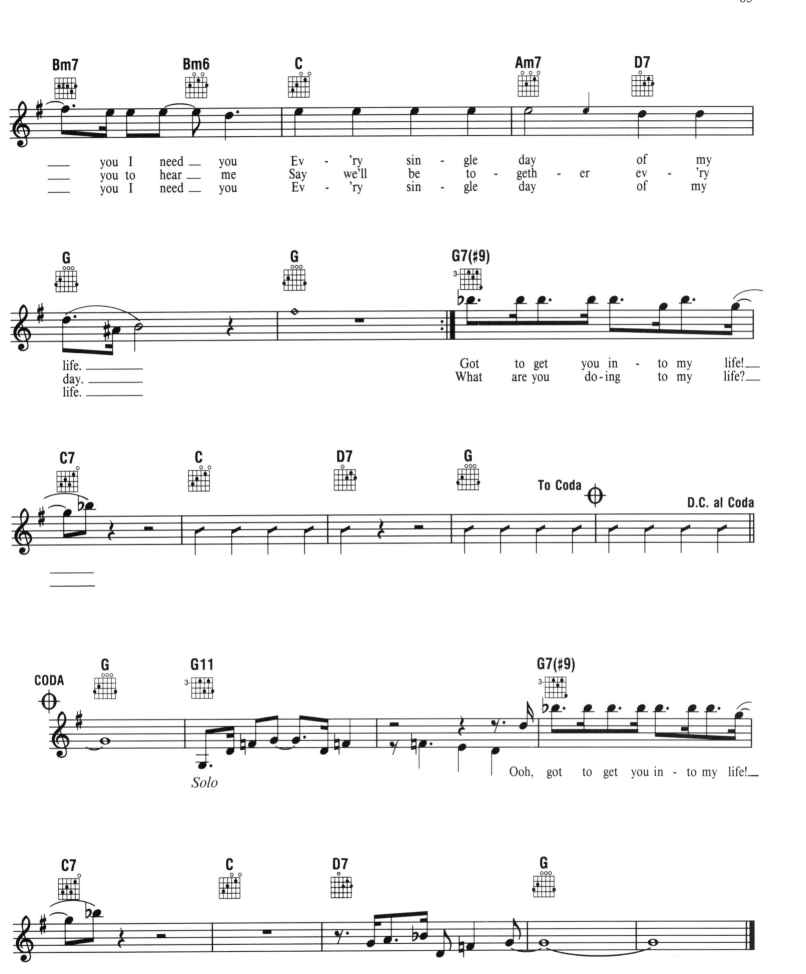

Happiness Is A Warm Gun

Words and Music by
John Lennon and Paul McCartney

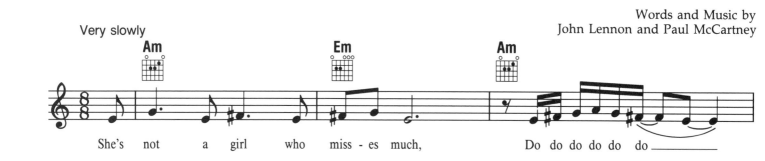

She's not a girl who miss-es much, Do do do do do do _____

Oh yeah. _____ She's well ac-quaint -ed with the touch of the vel - vet hand, _____ like a liz-ard on a

win - dow pane, _____ the man in the crowd with the mul-ti-col-oured mir-rors on his hob - nail boots,

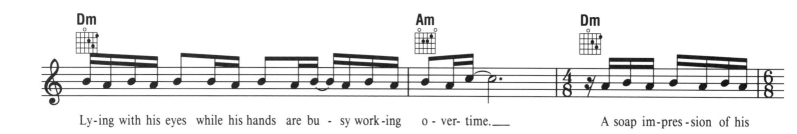

Ly-ing with his eyes while his hands are bu - sy work-ing o - ver-time. _____ A soap im-pres -sion of his

wife which he ate and do-nat-ed to the Na - tional Trust. _____

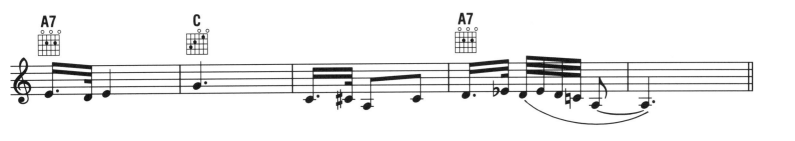

I need a fix 'cause I'm go-ing down, ___ Down to the bits that I

left up town ___ I need a fix 'cause I'm go-ing down. ___

3 times

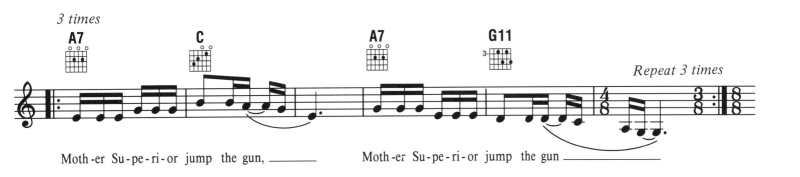

Moth-er Su-pe-ri-or jump the gun, _____ Moth-er Su-pe-ri-or jump the gun _____

Repeat 3 times

A Hard Day's Night

Words and Music by
John Lennon and Paul McCartney

Hello, Goodbye

Words and Music by
John Lennon and Paul McCartney

Moderately

You say yes _ I say no _ You say stop _ and I say go go go _

Oh _ no _____ You say _good-bye _ and I say hel- lo _____ hel-lo _ hel-lo _

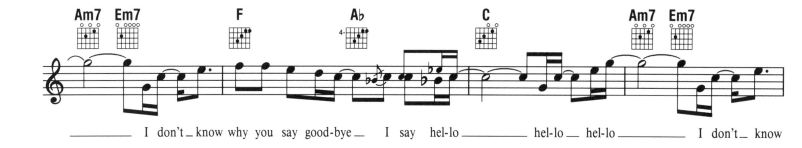

_____ I don't _ know why you say good-bye _ I say hel-lo _____ hel-lo _ hel-lo _____ I don't _ know

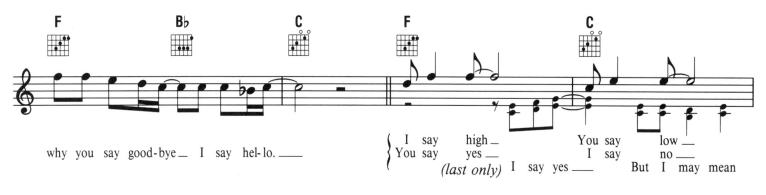

why you say good-bye _ I say hel-lo. _____
I say high _ You say low _
You say yes _ I say no _
(last only) I say yes _ But I may mean

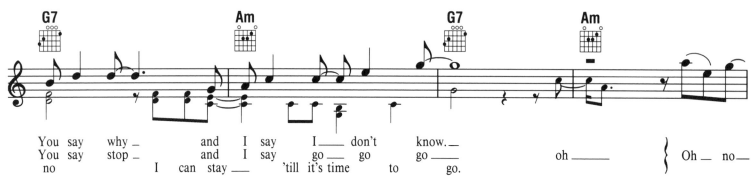

You say why _ and I say I _ don't know. _
You say stop _ and I say go _ go go _ oh _____ Oh _ no
no I can stay _ 'till it's time to go.

You say— good-bye— and I say hel-lo _____ hel-lo hel-lo_
1st only Hel - lo good - bye hel-lo good - bye _

I don't_ know why you say good bye_ I say hel-lo _____ hel-lo_ hel-lo_
Hel - lo good bye _ Hel - lo good-bye hel-lo good bye _

I don't_ know why you say good-bye_ I say hel-lo _____
hel - lo good -bye hel - lo good - bye _

Why why why why why why _ do you say _ good-bye_ good- bye? _

D.S. al Coda

CODA

Hel-lo _ hel-lo _____ I don't_know why you say good-bye_ I say hel-lo ___

Repeat to Fade

Hel - lo _____ He - la _____ he - ba hel - lo - a cha cha

Help!

Words and Music by
John Lennon and Paul McCartney

Moderately

Help!   I need some-bod- y,   Help!   not just an-y-bod - y

Help!   you know I need some - one __   Help! _____

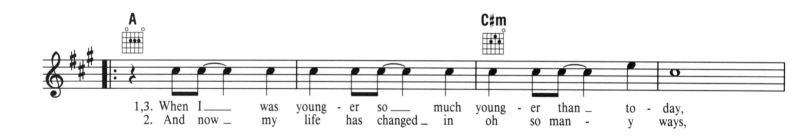

1,3. When I ____ was young - er so ____ much young - er than _ to - day,
2. And now _ my life has changed _ in oh so man - y ways,

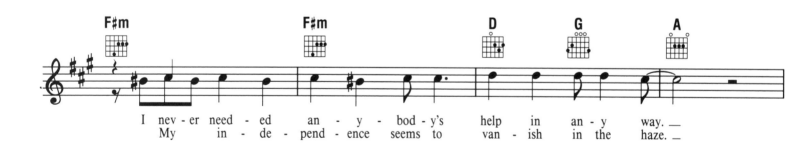

I nev - er need - ed an - y - bod - y's help in an - y way. _
My in - de - pend - ence seems to van - ish in the haze. _

But now these days are gone _ I'm not so self as - sured, _____
But ev - 'ry now and then _ I feel so in - se - cure, _____

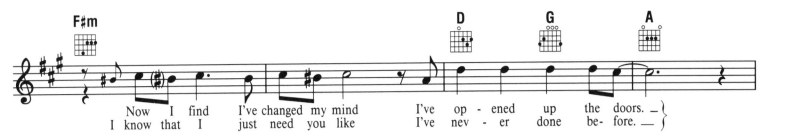

Now I find I've changed my mind I've op - ened up the doors. __
I know that I just need you like I've nev - er done be - fore. __

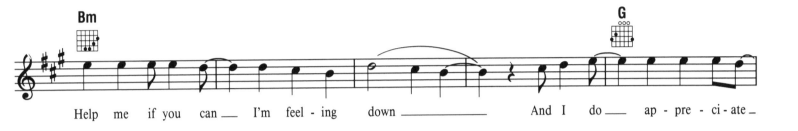

Help me if you can __ I'm feel - ing down __ And I do __ ap - pre - ci - ate __

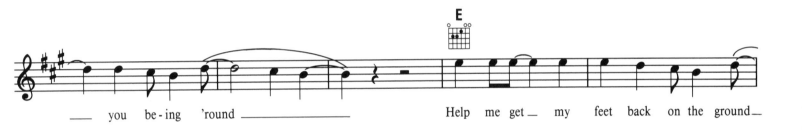

__ you be - ing 'round __ Help me get __ my feet back on the ground __

__ Won't you please please __ help __ me. __

__ __ Help me help me __ oo.

Helter Skelter

Words and Music by
John Lennon and Paul McCartney

Moderate Rock Tempo

When I get to the bot-tom I go back to the top of the slide, __

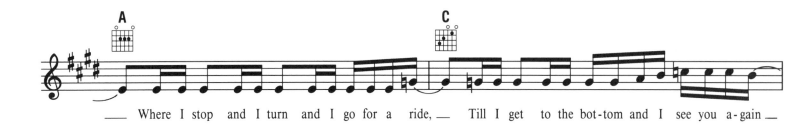

__ Where I stop and I turn and I go for a ride, __ Till I get to the bot-tom and I see you a-gain __

__ Yeah yeah yeah, _____ But do you, don't you, want_me to love_you? I'm

com-ing down fast but I'm miles a-bove_you. Tell me, tell me, tell _me come on tell _

__ me the ans - wer __ For you may be a lov-er but you ain't no dan - cer. Now

Hel - ter skel - ter, __ Hel - ter skel - ter __ Hel - ter skel - ter __ Yeah. __

Oh will you won't you want __ me to make you? __ I'm
do you don't you want __ me to make you? __ I'm

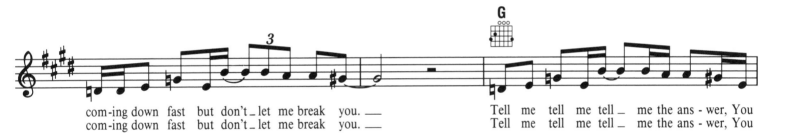

com-ing down fast but don't __ let me break you. __ Tell me tell me tell __ me the ans - wer, You
com-ing down fast but don't __ let me break you. __ Tell me tell me tell __ me the ans - wer, You

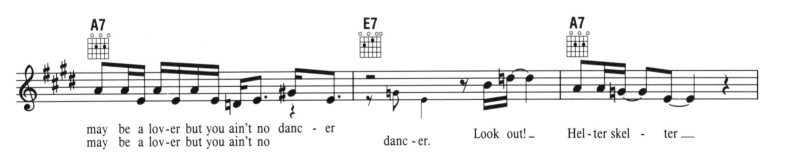

may be a lov-er but you ain't no danc - er Look out! __ Hel - ter skel - ter __
may be a lov-er but you ain't no danc - er. Look out! __ Hel - ter skel - ter __

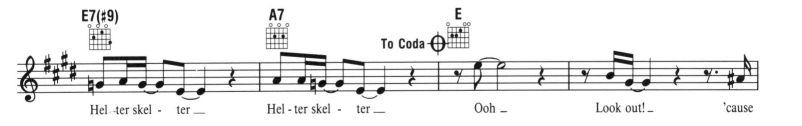

Hel - ter skel - ter __ Hel - ter skel - ter __ Ooh __ Look out! __ 'cause

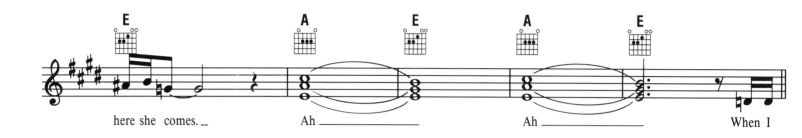

here she comes. ___ Ah _____ Ah _____ When I

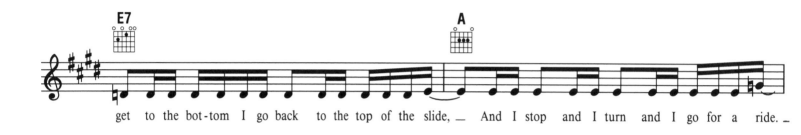

get to the bot-tom I go back to the top of the slide, __ And I stop and I turn and I go for a ride. __

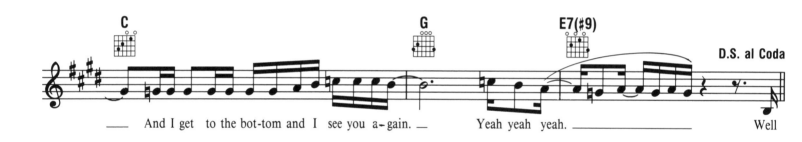

___ And I get to the bot-tom and I see you a-gain. __ Yeah yeah yeah. _____ Well

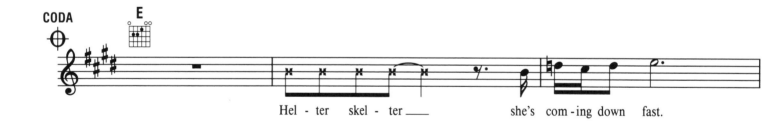

Hel - ter skel - ter ___ she's com-ing down fast.

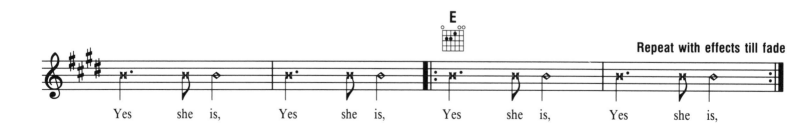

Yes she is, Yes she is, Yes she is, Yes she is,

I Am The Walrus

Words and Music by
John Lennon and Paul McCartney

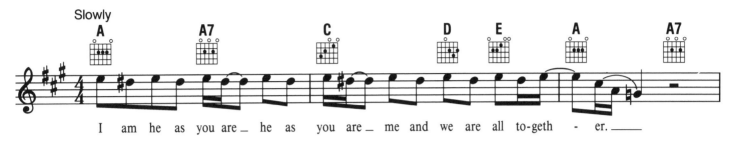

I am he as you are he as you are me and we are all to-geth - er.

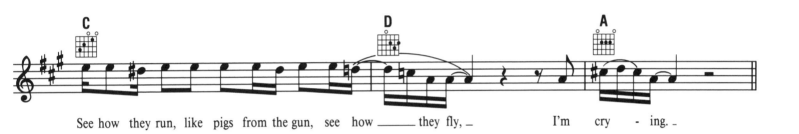

See how they run, like pigs from the gun, see how ___ they fly, ___ I'm cry - ing. ___

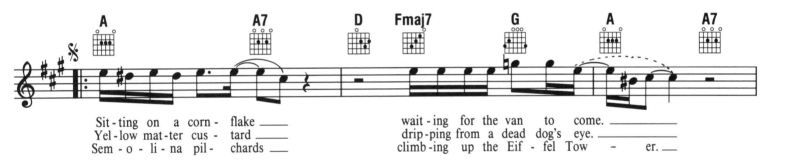

Sit - ting on a corn - flake ___ wait - ing for the van to come. ___
Yel - low mat - ter cus - tard ___ drip - ping from a dead dog's eye. ___
Sem - o - li - na pil - chards ___ climb - ing up the Eif - fel Tow - er. ___

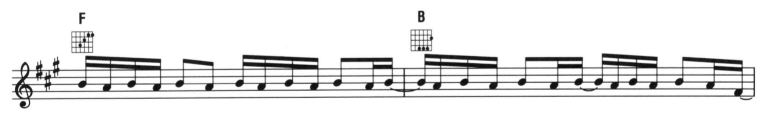

Cor - por - a - tion tee - shirt, stu - pid blood - y Tues - day man ___ you been a naugh - ty boy ___ you let your face grow long ___
Crab - a - lock - er fish - wife, por - no - graph - ic priest - ess, boy ___ you been a naugh - ty girl ___ you let your knick - ers down ___
El - e - men - t'ry pen - guin sing - ing Ha - re Krish - na, man ___ you should have seen them kick - ing Ed - gar Al - len Poe ___

To Coda

___ I am the egg - man Oh they are the egg - men Oh I am the

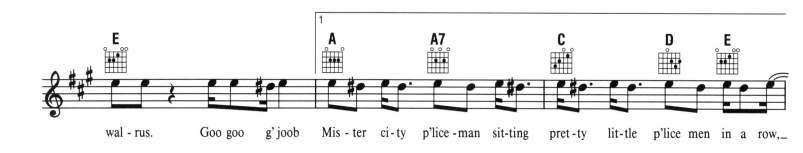

wal - rus.   Goo goo g'joob   Mis - ter ci - ty p'lice-man sit-ting   pret-ty   lit-tle p'lice men in a row,_

_____   See how   they fly   like Lu-cy in the sky   see how _____ they run. _   I'm

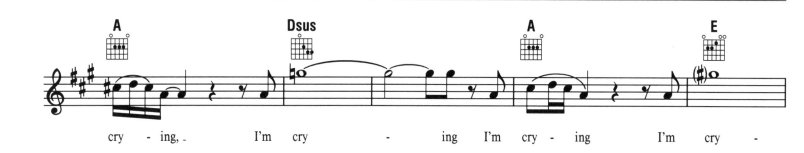

cry - ing, _   I'm cry - ing   I'm cry - ing   I'm   cry -

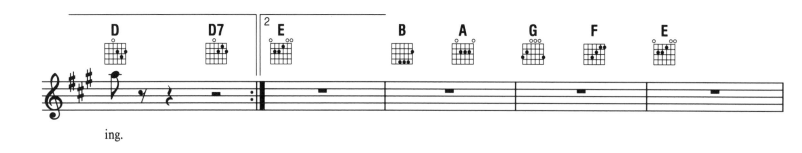

ing.

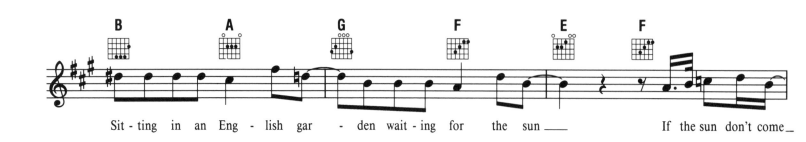

Sit - ting   in   an   Eng - lish   gar - den wait - ing for   the sun ___   If the sun don't come_

_____ you get a tan from stand - ing in the Eng - lish rain. ___ I am the egg - man Oh they are the

egg - men Oh I am the wal - rus, Goo goo g' joob g' goo ___ goo g' joob. _

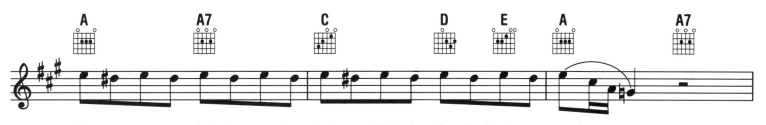

Ex - pert tex - pert chok - ing smo - kers don't you think the jo - ker laughs at you? _____

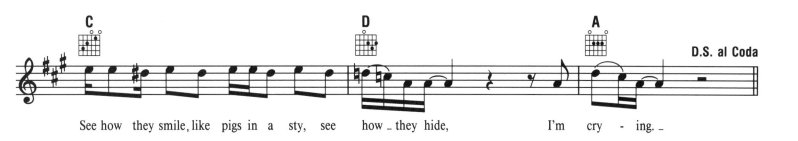

See how they smile, like pigs in a sty, see how _ they hide, I'm cry - ing. _

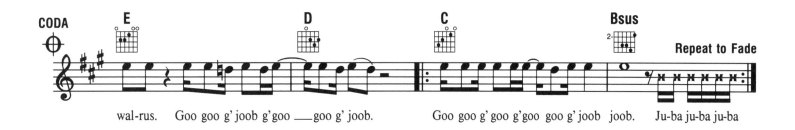

wal - rus. Goo goo g' joob g' goo ___ goo g' joob. Goo goo g' goo g' goo goo g' joob joob. Ju - ba ju - ba ju - ba

Here Comes The Sun

Words and Music by
George Harrison

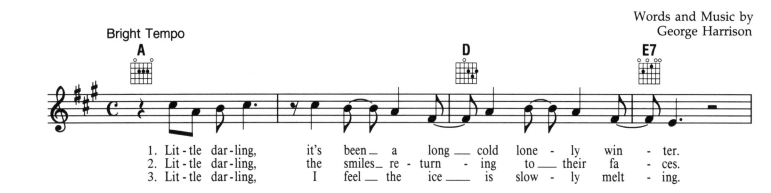

1. Lit - tle dar - ling, it's been ___ a long ___ cold lone - ly win - ter.
2. Lit - tle dar - ling, the smiles ___ re - turn - ing to ___ their fa - ces.
3. Lit - tle dar - ling, I feel ___ the ice ___ is slow - ly melt - ing.

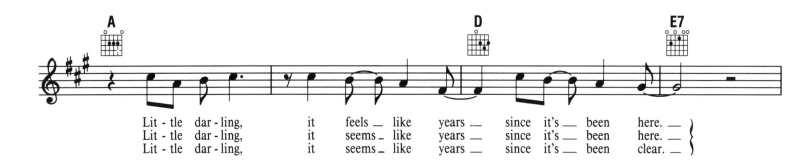

Lit - tle dar - ling, it feels ___ like years ___ since it's ___ been here. ___
Lit - tle dar - ling, it seems ___ like years ___ since it's ___ been here. ___
Lit - tle dar - ling, it seems ___ like years ___ since it's ___ been clear. ___

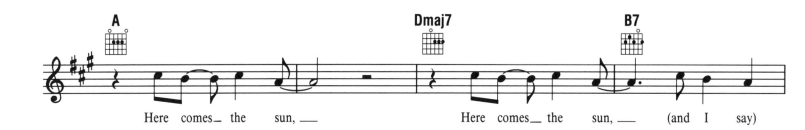

Here comes ___ the sun, ___ Here comes ___ the sun, ___ (and I say)

(Guitar break)

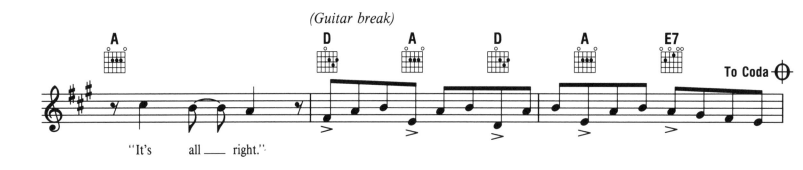

To Coda

"It's all ___ right."

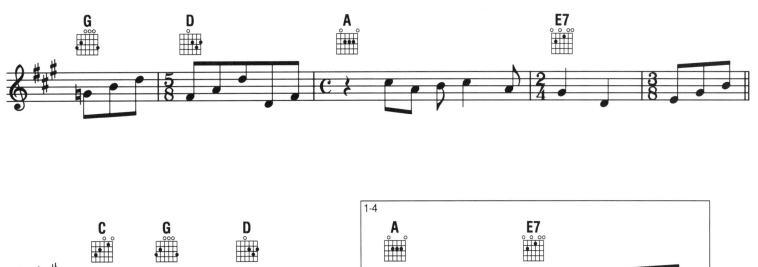

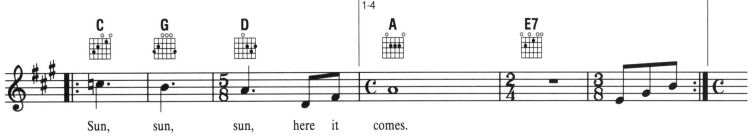

Sun, sun, sun, here it comes.

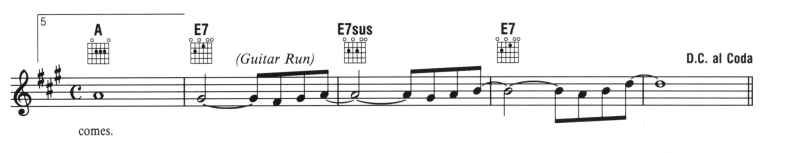

comes.

Here comes the sun, ___ Here comes the sun, ___ It's all ___ right.

It's all ___ right.

Here There And Everywhere

Words and Music by
John Lennon and Paul McCartney

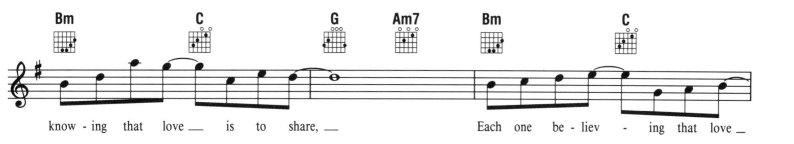

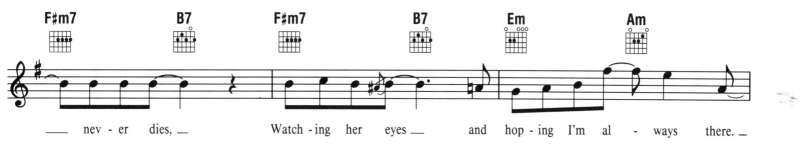

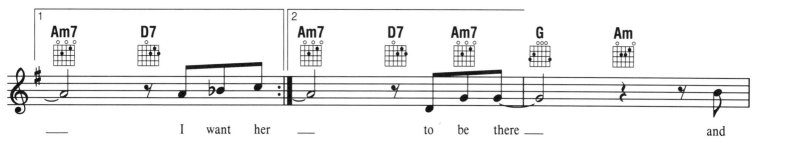

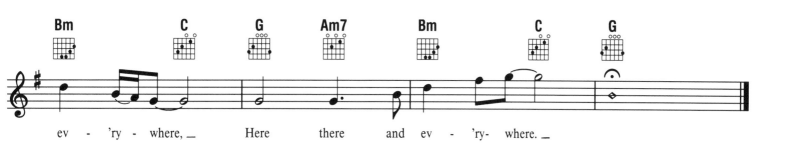

Hey Jude

Words and Music by
John Lennon and Paul McCartney

Honey Pie

Words and Music by
John Lennon and Paul McCartney

I Don't Want To Spoil The Party

Words and Music by
John Lennon and Paul McCartney

(Also used as Intro)

I Feel Fine

Words and Music by
John Lennon and Paul McCartney

I Saw Her Standing There

Words and Music by
John Lennon and Paul McCartney

Moderately

Well, she was just sev - en - teen, — and you know what I mean.
she looked at me — and I, I could see, —

— And the way she looked— was way be - yond com - pare. —
— That be - fore too long — I'd fall in love with her. —

— So how could I dance _ with an - oth - er _____
— She would -n't dance _ with an - oth - er _____

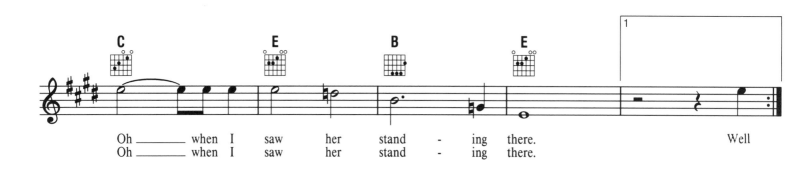

Oh _____ when I saw her stand - ing there.
Oh _____ when I saw her stand - ing there.

Well

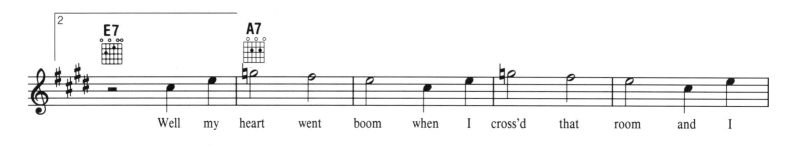

Well my heart went boom when I cross'd that room and I

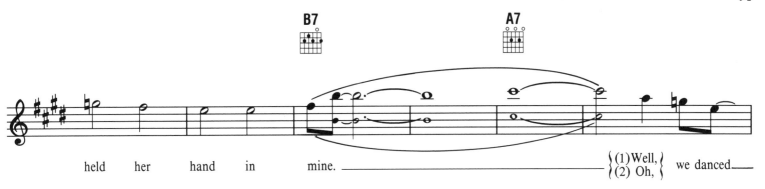

held her hand in mine. _____ {(1)Well,}{(2) Oh,} we danced ____

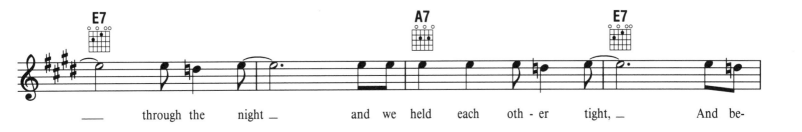

____ through the night ____ and we held each oth - er tight, ____ And be-

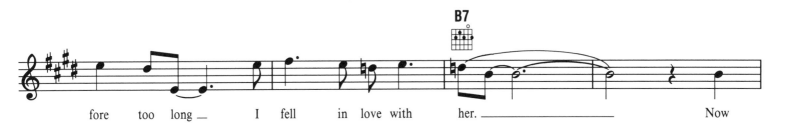

fore too long ____ I fell in love with her. _____ Now

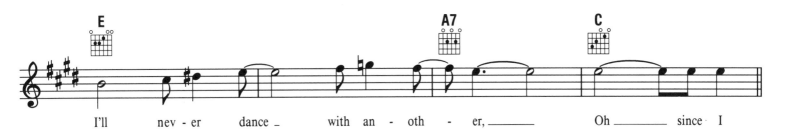

I'll nev - er dance ____ with an - oth - er, _____ Oh ____ since I

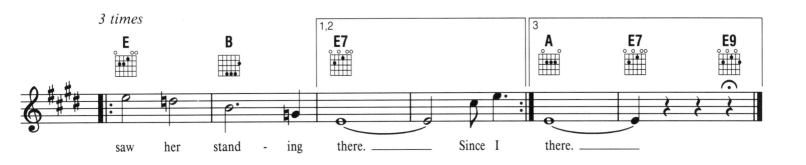

saw her stand - ing there. ____ Since I ____ there. ____

I Should Have Known Better

Words and Music by
John Lennon and Paul McCartney

I'll Cry Instead

Words and Music by
John Lennon and Paul McCartney

I Wanna Be Your Man

Words and Music By
John Lennon and Paul McCartney

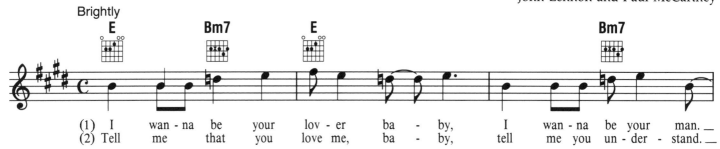

(1) I wan-na be your lov-er ba - by, I wan-na be your man. __
(2) Tell me that you love me, ba - by, tell me you un-der - stand. __

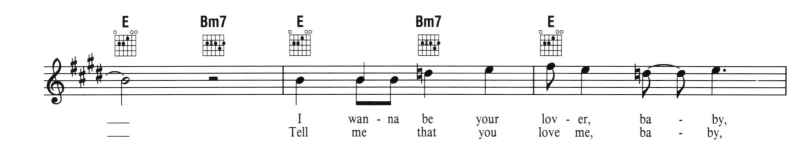

__ I wan-na be your lov-er, ba - by,
Tell me that you love me, ba - by,

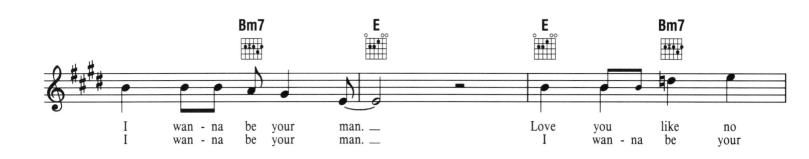

I wan-na be your man. __ Love you like no
I wan-na be your man. __ I wan-na be your

oth - er, ba - by, like no oth - er can. __
lov - er, ba - by, I wan-na be your man. __

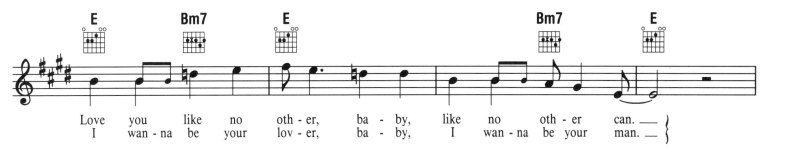

Love you like no oth- er, ba - by, like no oth- er can. ___
I wan - na be your lov - er, ba - by, I wan - na be your man. ___

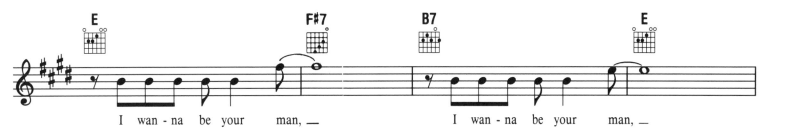

I wan - na be your man, ___ I wan - na be your man, ___

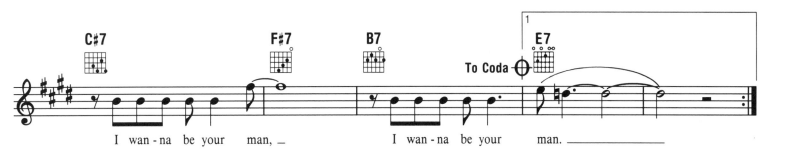

I wan - na be your man, ___ I wan - na be your man. ___

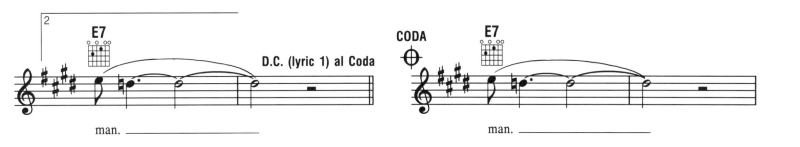

man. ___ man. ___

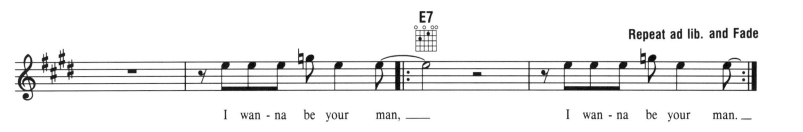

I wan - na be your man, ___ I wan - na be your man. ___

I Want To Hold Your Hand

Words and Music by
John Lennon and Paul McCartney

Moderately

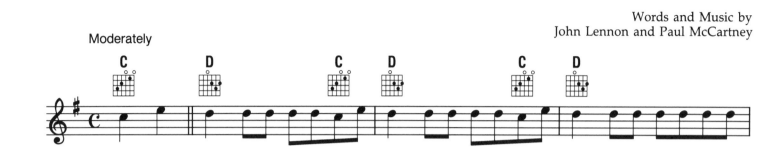

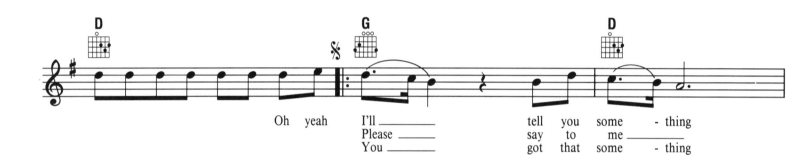

Oh yeah   I'll _____   tell you some - thing
Please _____   say to me _____
You _____   got that some - thing

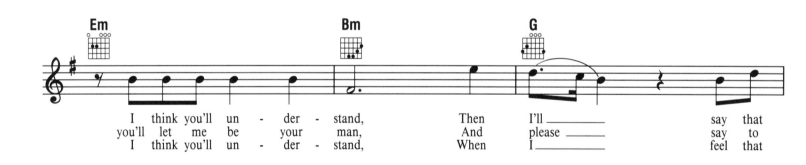

I think you'll un - der - stand,   Then   I'll _____   say that
you'll let me be   your man,   And   please _____   say to
I think you'll un - der - stand,   When   I _____   feel that

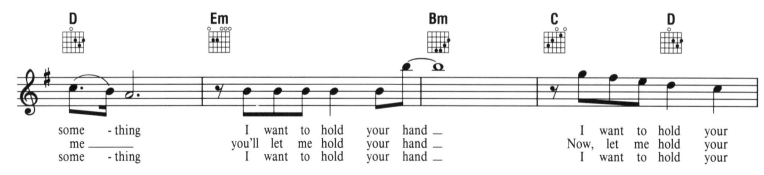

some - thing   I want to hold   your   hand __   I want to hold   your
me _____   you'll let me hold   your   hand __   Now, let me hold   your
some - thing   I want to hold   your   hand __   I want to hold   your

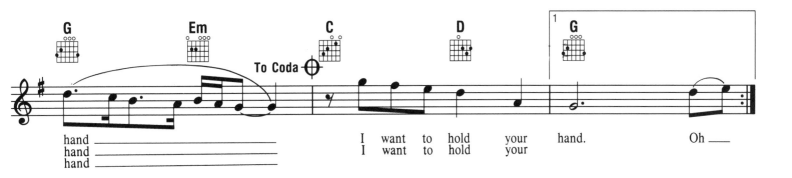

hand _____
hand _____
hand _____

To Coda

I want to hold your hand.
I want to hold your

Oh ___

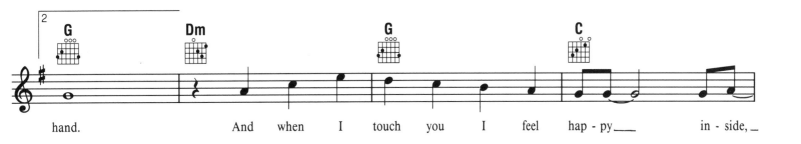

hand.

And when I touch you I feel hap-py ___ in - side, ___

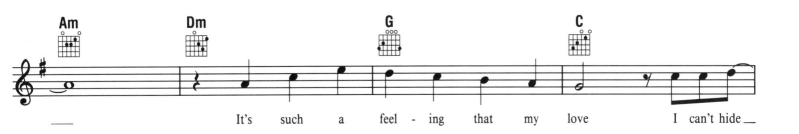

___ It's such a feel - ing that my love ___ I can't hide ___

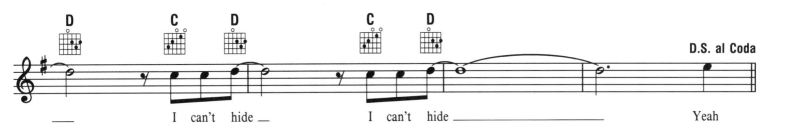

D.S. al Coda

___ I can't hide ___ I can't hide _____ Yeah

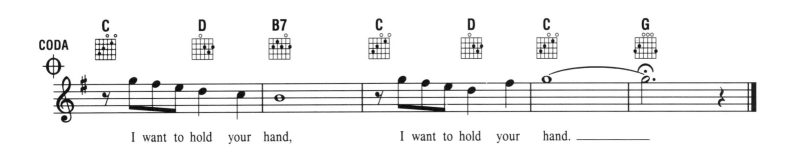

CODA

I want to hold your hand, I want to hold your hand. _____

I Want You
(She's So Heavy)

Words and Music by
John Lennon and Paul McCartney

1. I want you, _____ I want you so bad, _____ I want
2. you, _____ I want you so bad, _____ babe _____ I want
3. (Guitar solo ad lib.)
4. you, _____ I want you so bad, _____ I want

you, _____ I want you so _____ bad _____ it's driv-ing me mad, it's
you, _____ I want you so _____ bad _____ it's _ driv-ing me mad, it's

you, _____ I want you so _ bad _____ it's _ driv-ing me mad, it's

driv-ing me mad. I want you, _ I want you so
driv-ing me mad. I want you, _ I want you so

driv-ing me mad. I want you, _ you know I want you so

bad _____ babe, I want you _____ I want you so
bad _____ babe, I want you _____ I want you so

bad _____ babe, I want you, _ you know I want you so

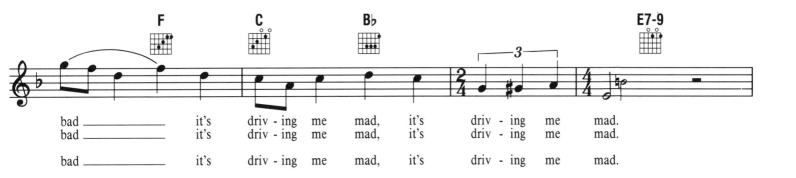

bad _____ it's driv - ing me mad, it's driv - ing me mad.
bad _____ it's driv - ing me mad, it's driv - ing me mad.

bad _____ it's driv - ing me mad, it's driv - ing me mad.

I want   She's so   *3rd time* (hea- vy) ____ hea- vy, _____

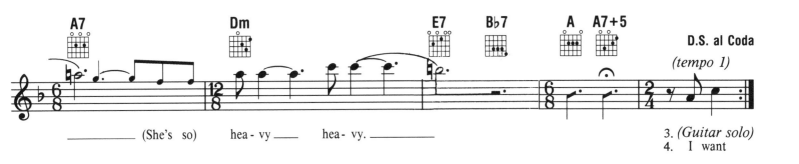

_____ (She's so)   hea- vy ____ hea- vy. _____

3. *(Guitar solo)*
4. I want

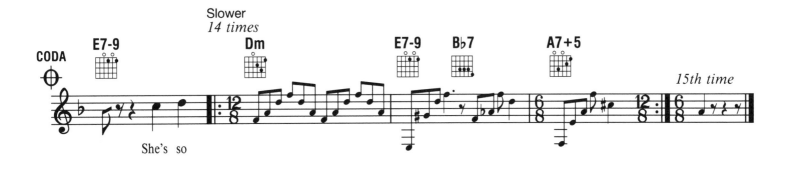

She's so

I Will

Words and Music by
John Lennon and Paul McCartney

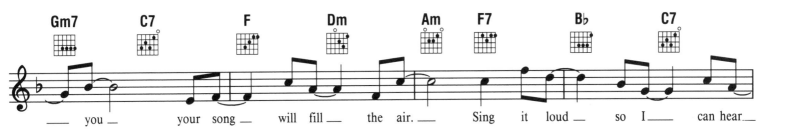

you your song will fill the air. Sing it loud so I can hear

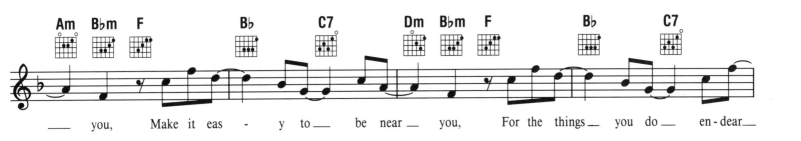

you, Make it eas - y to be near you, For the things you do en - dear

you to me Ah you know I will.

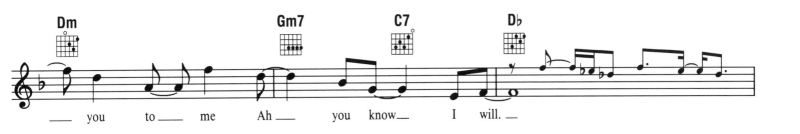

I will. Mm Mm

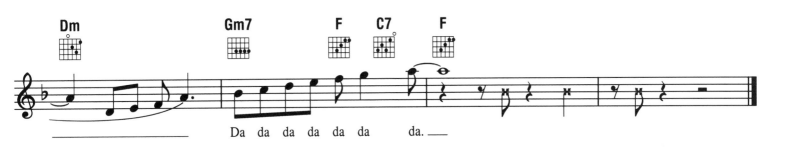

Da da da da da da da.

I'll Be Back

Words and Music by
John Lennon and Paul McCartney

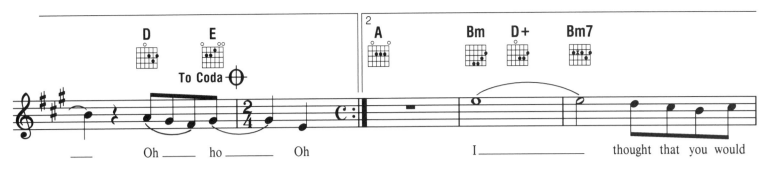

Oh ___ ho ___ Oh   I _____ thought that you would

re - al - ize ___   that if I ran a - way from you   that you would want me too,   but

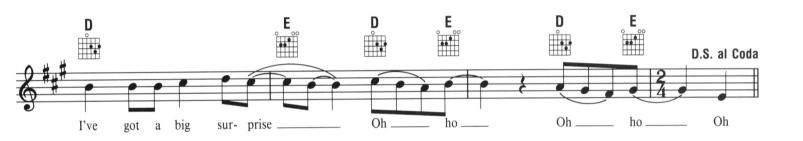

I've got a big sur - prise _____   Oh ___ ho ___   Oh ___ ho ___ Oh

___ Oh You   if you break my heart I'll go ___   but I'll ___ be back a - gain ___

I'll Follow The Sun

Words and Music by
John Lennon and Paul McCartney

One day __ you'll look __ to see I've gone __ For to-
Some - day __ you'll know__ I was the one __ But to-
One day __ you'll find __ that I have gone __ But to-

mor - row may rain __ so __ I'll fol - low the sun.
mor - row may rain __ so __ I'll fol - low the
mor - row may rain __ so __ I'll fol - low the

sun. And now the time has come __ and so my love __ I must go. __

And though I lose a friend, __ In the end __ you will know __

Oh _____ sun. _____

In My Life

Words and Music by
John Lennon and Paul McCartney

1. There are pla - ces I'll re - mem - ber all my life. _____ Though some have changed,_ Some for - ev - er, not for bet - ter. Some have gone _____ and some re - main._ All these pla - ces had _ their _ mo - ments, With lov - ers and friends _ I still can re - call,_ Some are dead _ and some _ are liv - ing. In my _____ life I've loved them all. _

all these friends and lov - ers there is no - one com - pares with you, _ And these mem - 'ries lose their mean - ing. When I think _ of _ love as some - thing new._ Though I know I'll _ nev - er lose af - fec - tion, For peo - ple and things _ that went be - fore,_ I know I of - ten stop and think a - bout them. In my _____ life I'll love you more._

To Coda

D.S. al Coda

2. But of

Though I

CODA

ten. ten.

In my _____ life I'll love you more.

I'll Get You

Words and Music by
John Lennon and Paul McCartney

Moderately

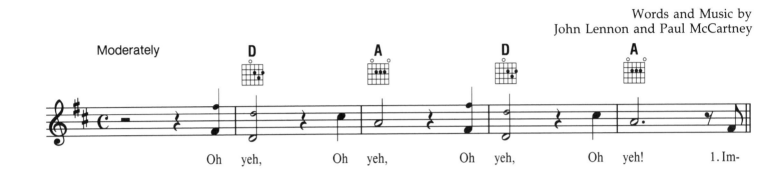

Oh yeh, Oh yeh, Oh yeh, Oh yeh! 1.Im-

2. ag - ine I'm in love with you, it's eas - y 'cos I
2. think a - bout you night and day, I need _____ you and it's
3. ag - ine I'm in love with you, it's eas - y 'cos I

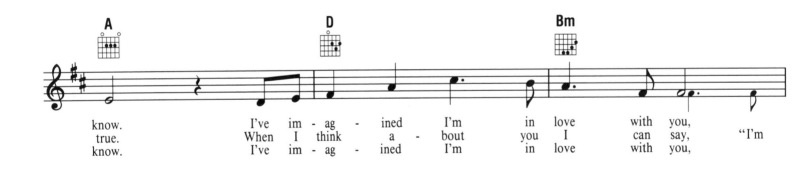

know. I've im - ag - ined I'm in love with you,
true. When I think a - bout you I can say, "I'm
know. I've im - ag - ined I'm in love with you,

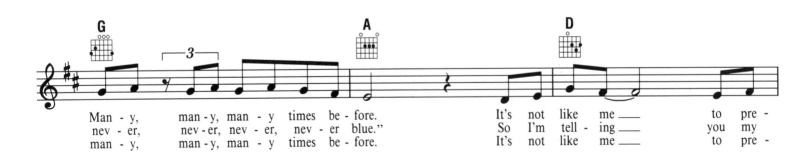

Man - y, man - y, man - y times be - fore. It's not like me _____ to pre-
nev - er, nev - er, nev - er, nev - er blue." So I'm tell - ing _____ you my
man - y, man - y, man - y times be - fore. It's not like me _____ to pre-

tend,
friend,
tend,

But
That
But

I'll get you, I'll get you in the end, Yes I

will, I'll get you in the end, _____ Oh yeh, oh yeh. 2. I

yeh. Well there's gon - na be a time when I'm gon - na change your

mind; So you might as well re - sign your-self to me, Oh

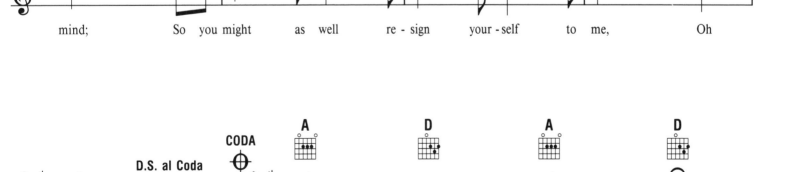

yeh. 3. Im-

yeh, oh yeh, oh yeh, oh — yeh.

I'm A Loser

Words and Music by
John Lennon and Paul McCartney

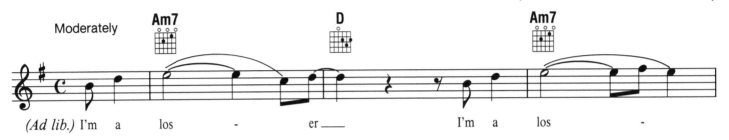

(Ad lib.) I'm a los - er ___ I'm a los -

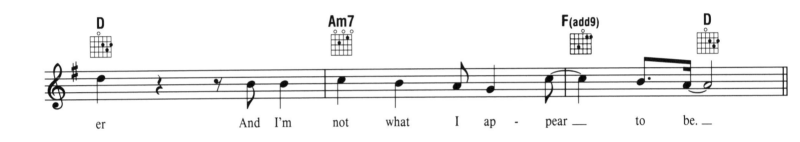

er And I'm not what I ap - pear ___ to be. ___

3 times

1. Of all the love ___ I have won ___ or have lost ___
2. Al - though I laugh ___ and I act ___ like a clown ___
3. What have I done ___ to de - serve ___ such a fate? ___

___ There is one love ___ I should nev - er ___ have
___ Be - neath this mask ___ I am wear - ing a
___ I re - al - ize ___ I have left it ___ too

I'm Happy Just To Dance With You

Words and Music by
John Lennon and Paul McCartney

111

need. Be-fore this dance is through_ I think I'll love you too, _ I'm so hap-py when you dance with

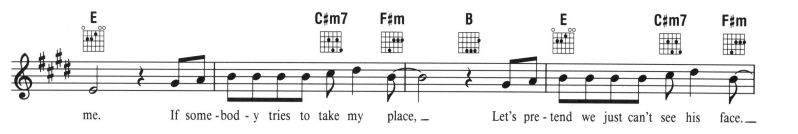

me.   If some-bod - y tries to take my place, _   Let's pre - tend we just can't see his face._

_   In this world there's no - thing I would rath - er do _____   'Cos I'm
                                                                               I've dis -

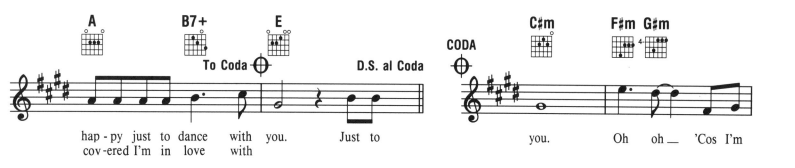

hap - py just to dance with you.   Just to   you.   Oh oh __ 'Cos I'm
cov-ered I'm in love with

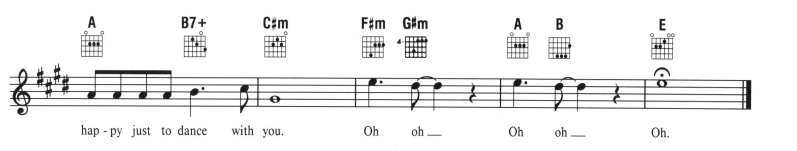

hap - py just to dance with you.   Oh oh __   Oh oh __   Oh.

I'm Looking Through You

Words and Music by
John Lennon and Paul McCartney

Moderately

I'm look-ing through you, — where did you go. —
Your lips are mov-ing, — I can-not hear. —

I thought I knew you, — what did I know. — You don't __ look
Your voice is sooth-ing, — but the words aren't clear. — You don't __ sound

dif-f'rent, — but you have changed. — I'm look-ing through you, —
dif-f'rent, — I've learnt the game. — I'm look-ing through you, —

you're not __ the same. —
you're not __ the same. —

Why, tell me why __ did you __ not

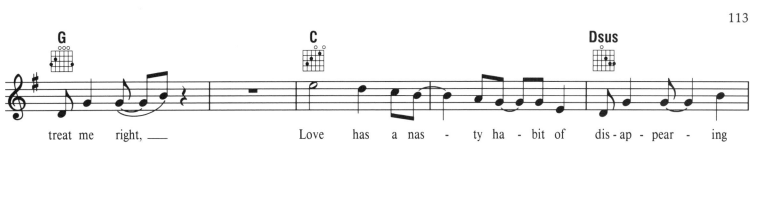

treat me right, ___ Love has a nas - ty ha - bit of dis-ap-pear - ing

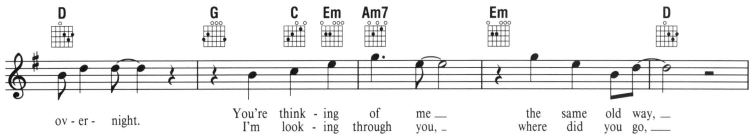

ov - er - night. You're think - ing of me ___ the same old way, ___
I'm look - ing through you, _ where did you go, ___

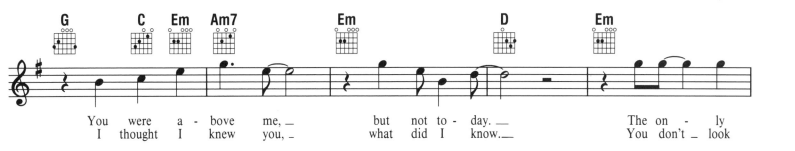

You were a - bove me, _ but not to - day. _ The on - ly
I thought I knew you, _ what did I know.___ You don't _ look

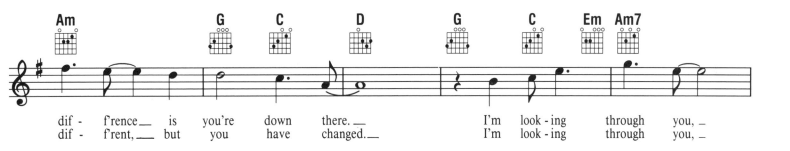

dif - f'rence___ is you're down there. ___ I'm look - ing through you, ___
dif - f'rent,___ but you have changed.___ I'm look - ing through you, ___

To Coda

D.S. al Coda

and you're no - where.___
you're not ___ the same. ___

CODA

Ad lib. and fade

Yeh, I tell you you've changed.___

I've Just Seen A Face

Words and Music by
John Lennon and Paul McCartney

I've just seen a face
Had it been an-oth
I have nev-er known

____ I can't for-get the time ____ or place where we just met, She's just the girl
-er day I might have looked ____ the oth-er way and I'd have nev-er been
the like of this I've been ____ a-lone and I have missed things and kept out ____

_____ for me and I _____ want all the world _____ to see _____ we've met. Mm mm
_____ a - ware but as _____ it is I'll dream _____ of her _____ to - night.
_____ of sight for oth - er girls were nev - er quite _____ like this. Da da

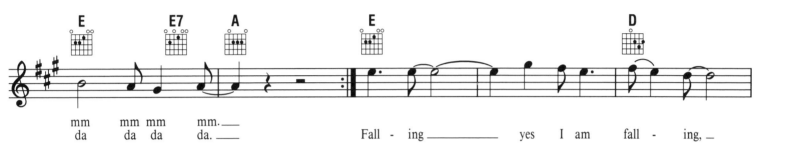

mm mm mm mm. _____
da da da da. _____ Fall - ing _____ yes I am fall - ing, _____

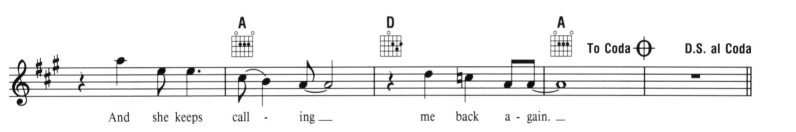

And she keeps call - ing _____ me back a - gain. _____

Fall - ing _____ yes I am fall - ing, _____ And she keeps

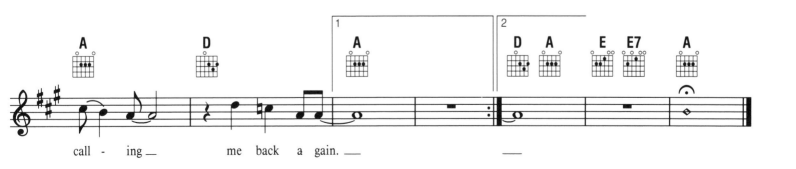

call - ing _____ me back a gain. _____

If I Fell

Words and Music By
John Lennon and Paul McCartney

Moderately

If I fell in love with you would you pro-mise to be true, and help me

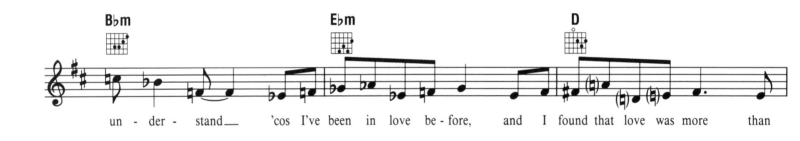

un-der-stand__ 'cos I've been in love be-fore, and I found that love was more than

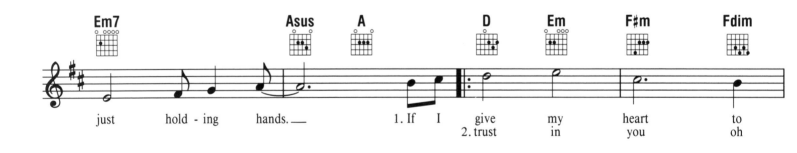

just hold-ing hands.__ 1. If I give my heart to oh
2. trust in you

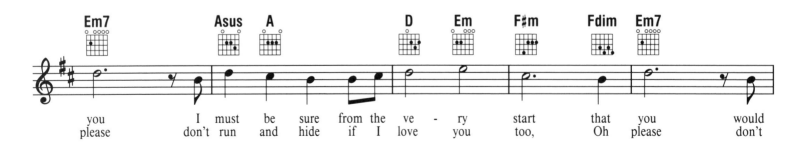

you I must be sure from the ve-ry start that you would
please don't run and hide if I love you too, Oh please don't

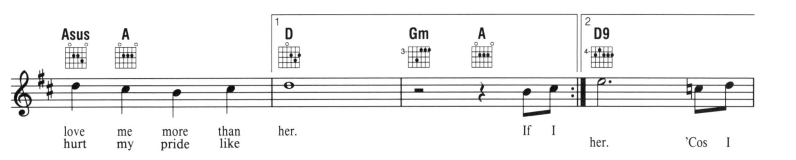

love me more than her.
hurt my more pride than like

could - n't stand the pain, __ and I ___ would be sad if our new love was in

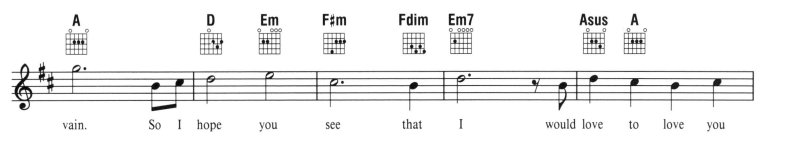

vain. So I hope you see that I would love to love you

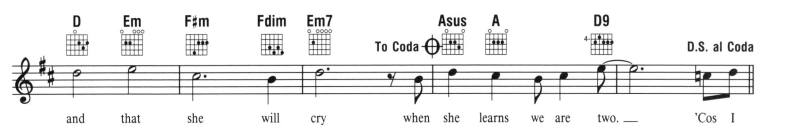

and that she will cry when she learns we are two. __ 'Cos I

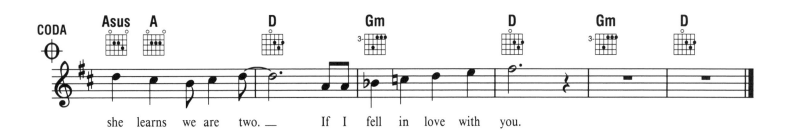

she learns we are two. __ If I fell in love with you.

It Won't Be Long

Words and Music by
Paul McCartney

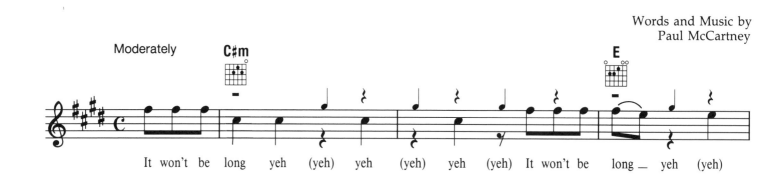

It won't be long yeh (yeh) yeh (yeh) yeh (yeh) It won't be long — yeh (yeh)

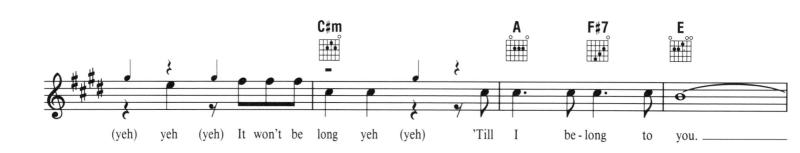

(yeh) yeh (yeh) It won't be long yeh (yeh) 'Till I be-long to you. _____

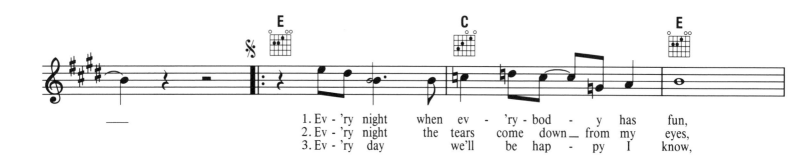

1. Ev-'ry night when ev-'ry-bod— y has fun,
2. Ev-'ry night the tears come down— from my eyes,
3. Ev-'ry day we'll be hap-py I know,

Here am I sit-ting all ___ on my own.
Ev-'ry day I've done noth-ing but cry. }
Now I know that you won't leave ___ me no more. }

It won't be

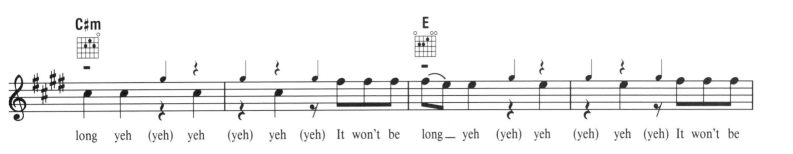

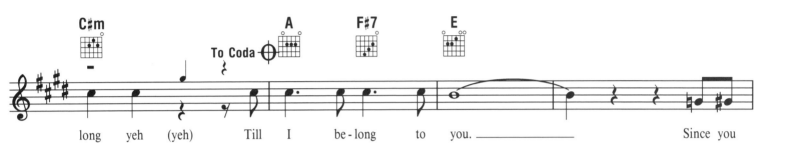

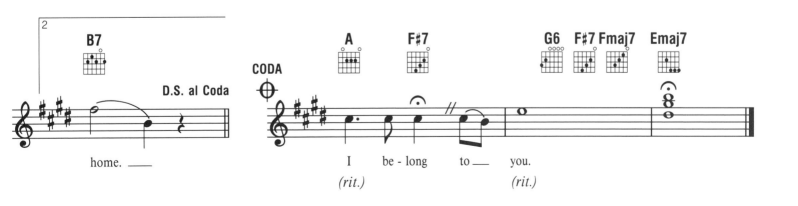

It's Only Love

Words and Music by
John Lennon and Paul McCartney

The Long And Winding Road

Words and Music by
John Lennon and Paul McCartney

Julia

Words and Music by
John Lennon and Paul McCartney

I can on - ly speak my mind, Ju - li -

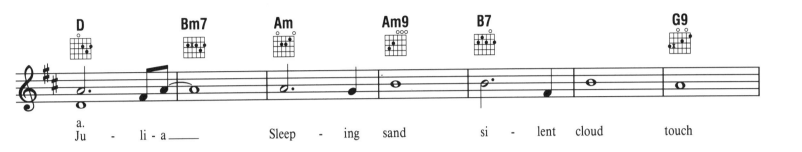

a. Ju - li - a ___ Sleep - ing sand si - lent cloud touch

me, So I sing a song ___ of love ___ Ju - li -

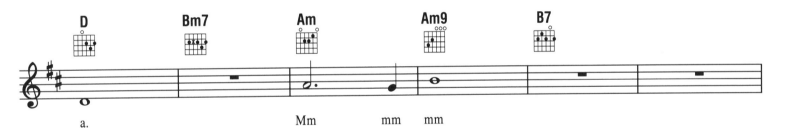

a. Mm mm mm

Calls me so I sing a song ___ of love ___ for Ju - li -

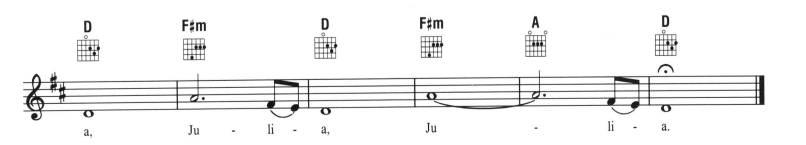

a, Ju - li - a, Ju - li - a.

Lady Madonna

Words and Music by
John Lennon and Paul McCartney

Moderately

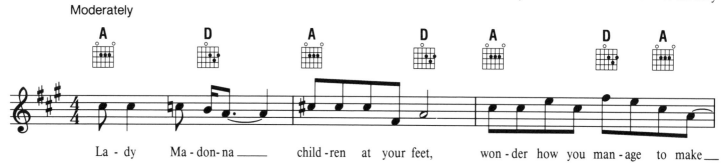

La - dy Ma - don - na ___ child - ren at your feet, won - der how you man - age to make ___

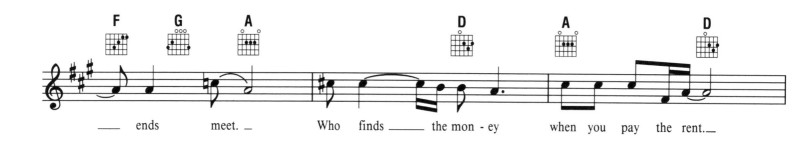

___ ends meet. _ Who finds ___ the mon - ey when you pay the rent. ___

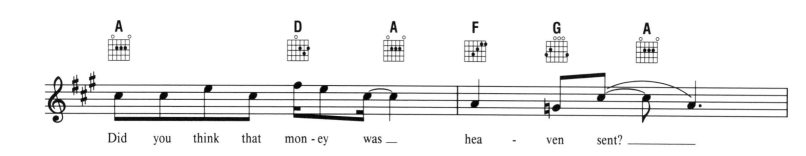

Did you think that mon - ey was ___ hea - ven sent? _____

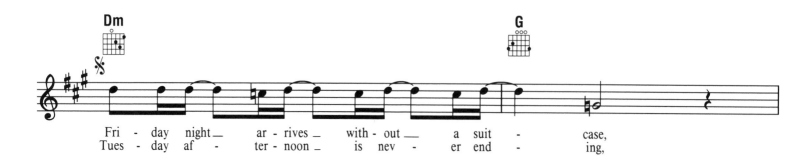

Fri - day night ___ ar - rives ___ with - out ___ a suit - case,
Tues - day af - ter - noon ___ is nev - er end - ing,

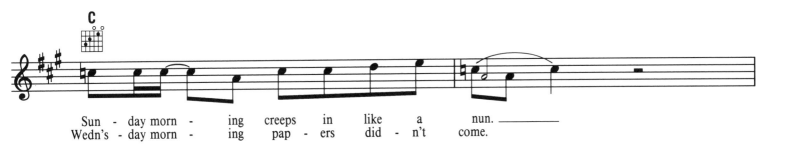

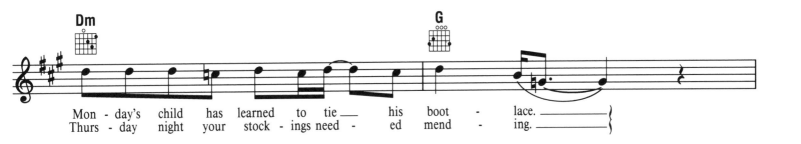

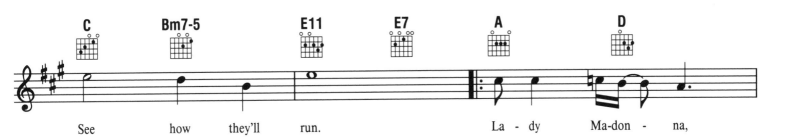

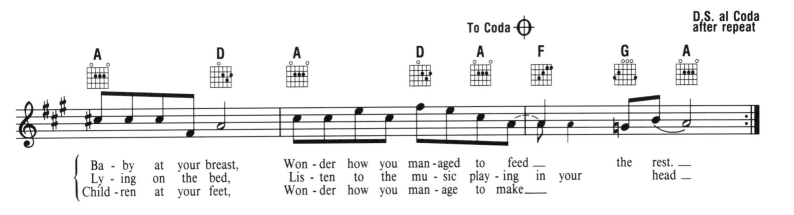

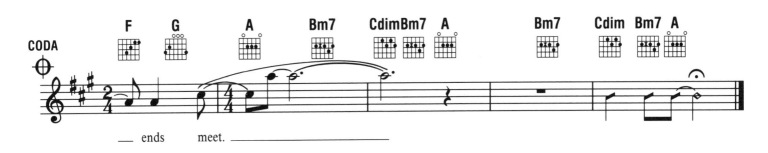

Let It Be

Words and Music by
John Lennon and Paul McCartney

Slowly

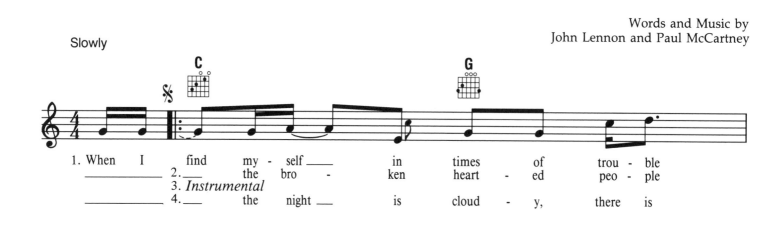

1. When I find my-self _____ in times of trou - ble
2. _____ the bro - ken heart - ed peo - ple
3. *Instrumental*
_____ 4. _____ the night _____ is cloud - y, there is

Moth - er Ma - ry comes to me, Speak-ing words of wis - dom, let it
liv - ing in _____ the world a - gree, There will be an an - swer, let it
still a light _____ that shines on me, shine un - til to - mor - row, let it

be. _____ And in my hour of dark - ness she is
be. _____ For though they may be part - ed there is
be. _____ I wake up to the sound _____ of mu - sic

stand - ing right in front _____ of me, _____ Speak - ing words of wis - dom, let it
still a chance that they _____ will see, _____ There will be an an - swer, let it
Moth - er Ma - ry comes to me _____ Speak - ing words of wis - dom, let it

Love Me Do

Words and Music by
Paul McCartney and John Lennon

Mean Mr. Mustard

Words and Music by
John Lennon and Paul McCartney

Mean Mis - ter Mus - tard sleeps in the park, shaves in the
His sis - ter Pam works in a shop, she nev - er

dark trying to save pa - per. ___
stops, trying she's a go - get - ter. ___

Sleeps in a hole in the road ___
Takes him out to look at the Queen ___

Sav - ing up to buy some clothes, ___
On - ly place that he's ev - er been, ___

Keeps a ten bob note up his nose, ___ such a mean old man. ___ Such a
Al - ways shouts out some - thing ob - scene, ___ such a

mean old man. ___

dir - ty old man. ___ Dir - ty old man. ___

Polythene Pam

Words and Music by
John Lennon and Paul McCartney

Fast 4

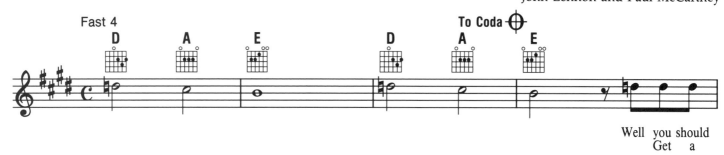

Well you should
Get a

see   Pol - y - thene   Pam, ___ She's so good - look - ing but she looks like a man.___
dose of her in jack - boots and kilt, ___ She's kil - ler - dil - ler when she's dressed to the hilt.___

___ Well you should see her in drag ___ dressed in her pol - y - thene bag, ___ Yes you should
___ She's the kind of a girl ___ that makes the "News of the World," Yes you could

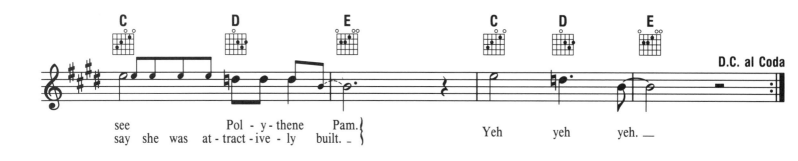

D.C. al Coda

see   she was   Pol - y - thene Pam.
say she was at - tract - ive - ly built. ___

Yeh   yeh   yeh. ___

CODA

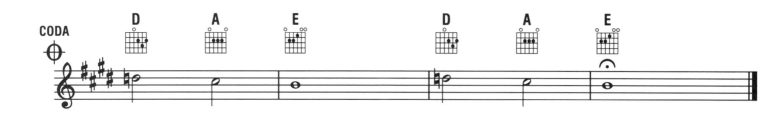

She Came In Through The Bathroom Window

Words and Music by
John Lennon and Paul McCartney

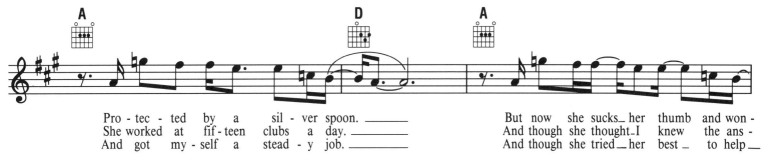

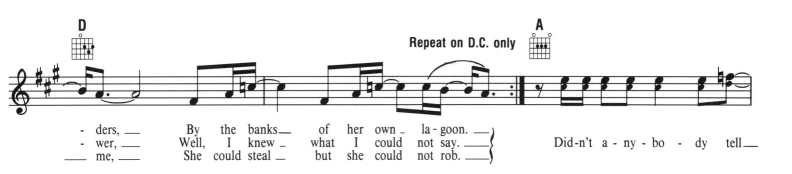

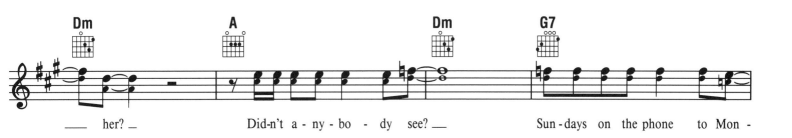

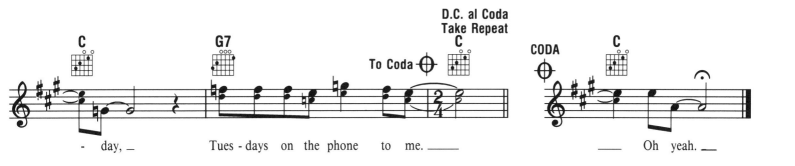

Lucy In The Sky With Diamonds

Words and Music by
John Lennon and Paul McCartney

head. _____ Look for the girl with the sun in her eyes and she's
way. _____ Climb in the back with your head in the clouds and you're

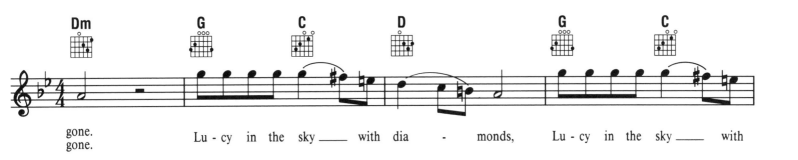

gone.
gone. Lu - cy in the sky ____ with dia - monds, Lu - cy in the sky ____ with

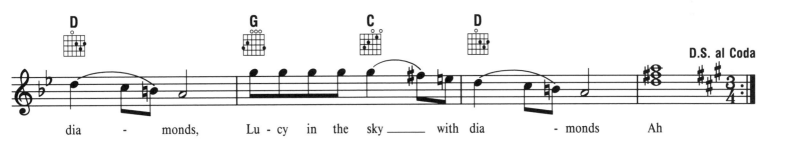

dia - monds, Lu - cy in the sky ____ with dia - monds Ah

D.S. al Coda

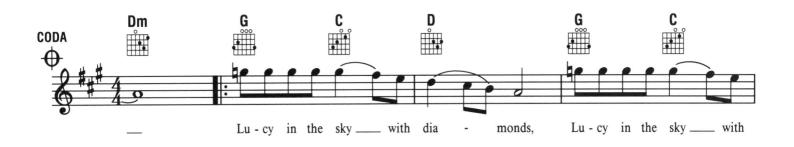

CODA

___ Lu - cy in the sky ____ with dia - monds, Lu - cy in the sky ____ with

Repeat and Fade

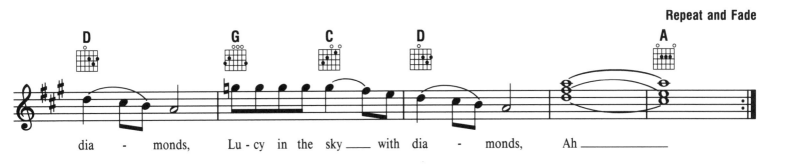

dia - monds, Lu - cy in the sky ____ with dia - monds, Ah _____

Magical Mystery Tour

Words and Music by
John Lennon and Paul McCartney

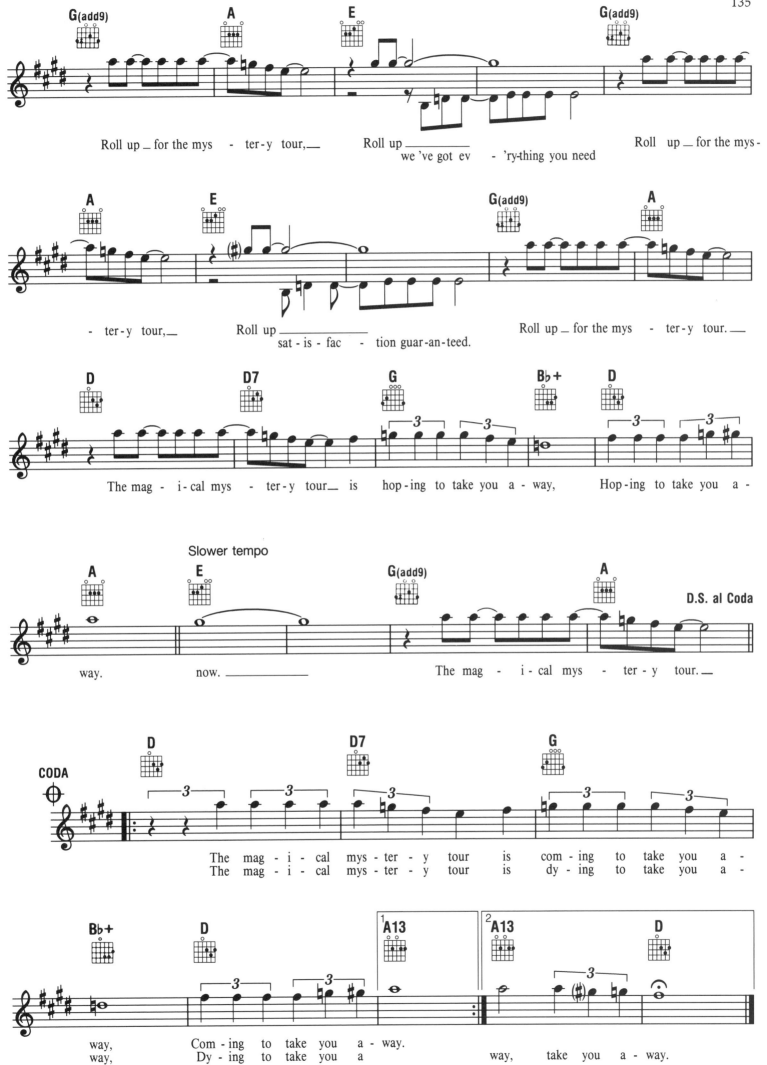

Martha My Dear

Words and Music by
John Lennon and Paul McCartney

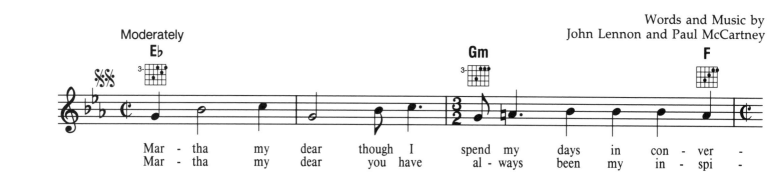

Mar - tha my dear though I spend my days in con - ver -
Mar - tha my dear you have al - ways been my in - spi -

sa - tion, Please _____ re - mem - ber me Mar - tha my _ love,___
ra - tion, Please _____ be good to me Mar - tha my _ love,___

To Coda ⊕ ⊕

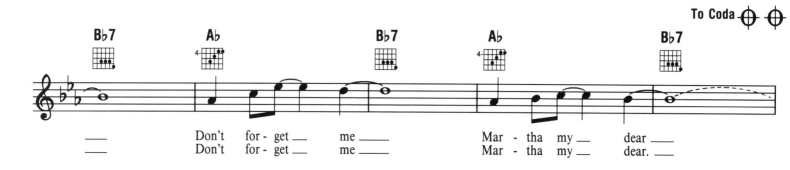

_ Don't for - get _ me _ Mar - tha my _ dear _
_ Don't for - get _ me _ Mar - tha my _ dear. _

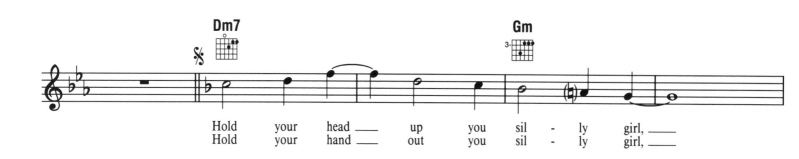

Hold your head _ up you sil - ly girl, ___
Hold your hand _ out you sil - ly girl, ___

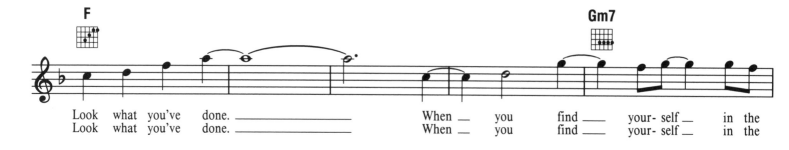

Look what you've done. _____ When _ you find _ your- self _ in the
Look what you've done. _____ When _ you find _ your- self _ in the

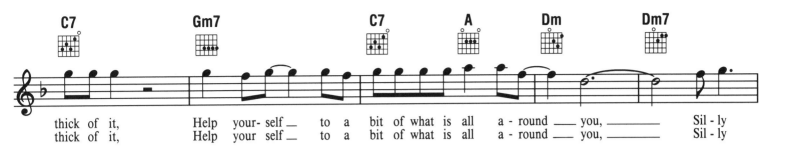

thick of it, Help your-self __ to a bit of what is all a-round __ you, _____ Sil - ly
thick of it, Help your self __ to a bit of what is all a-round __ you, _____ Sil - ly

girl. _____ Take a good __ look a - round you, Take a
girl. _____

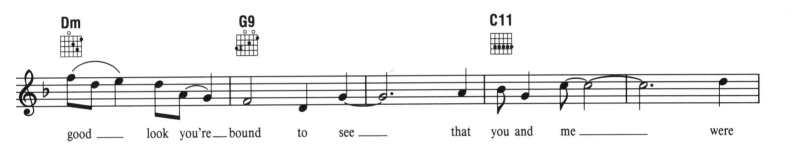

good __ look you're __ bound to see __ that you and me _____ were

ment to be _____ for each o - ther sil - ly girl.

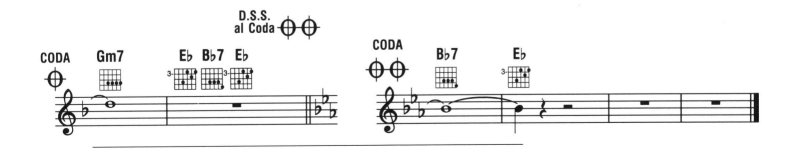

Maxwell's Silver Hammer

Words and Music by
John Lennon and Paul McCartney

Moderately bright

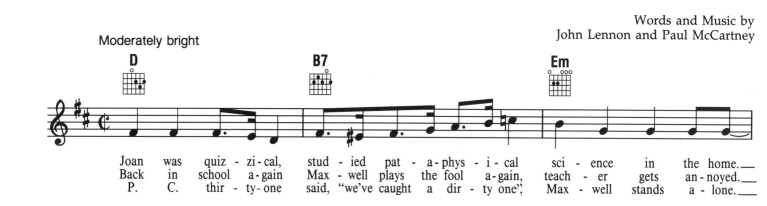

Joan was quiz-zi-cal, stud-ied pat-a-phys-i-cal sci-ence in the home.__
Back in school a-gain Max-well plays the fool a-gain, teach-er gets an-noyed.__
P. C. thir-ty-one said, "we've caught a dir-ty one"; Max-well stands a-lone.__

__ Late nights all a-lone __ with a test-tube oh oh oh oh.
__ Wish-ing to a-void __ an un-pleas-ant sce-ee-ee-ene.
__ Paint-ing tes-ti-mo-ni-al pic-tures oh oh oh oh__

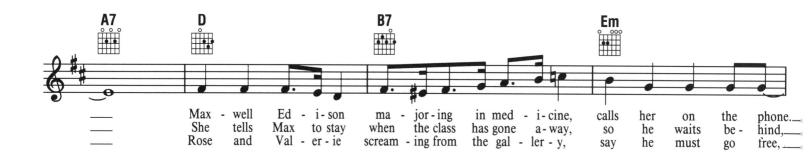

__ Max-well Ed-i-son ma-jor-ing in med-i-cine, calls her on the phone.
__ She tells Max to stay when the class has gone a-way, so he waits be-hind,
__ Rose and Val-er-ie scream-ing from the gal-ler-y, say he must go free,

__ "Can I take you out __ to the pic-tures Jo-oh-ho-oan?"
__ writ-ing fif-ty times __ "I must not __ be so-oh-oh-oh."
__ the judge does not a-gree and he tells __ them so-oh-oh-oh.__

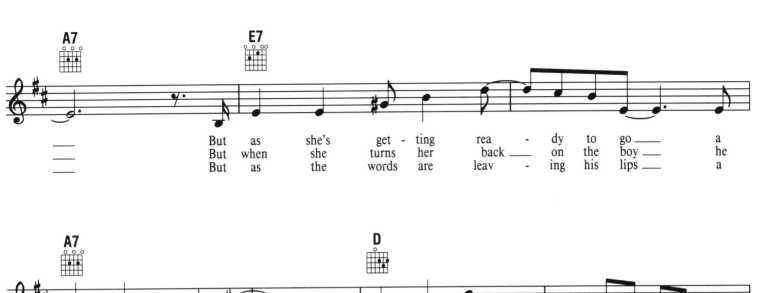

But as she's get - ting rea - dy to go ____ a
But when she turns her back ____ on the boy ____ he
But as the words are leav - ing his lips ____ a

knock comes on the door. __ Bang! bang! Max - well's sil - ver ham - mer came
creeps up from be - hind. __ Bang! bang! Max - well's sil - ver ham - mer came
noise comes from be - hind. __ Bang! bang! Max - well's sil - ver ham - mer came

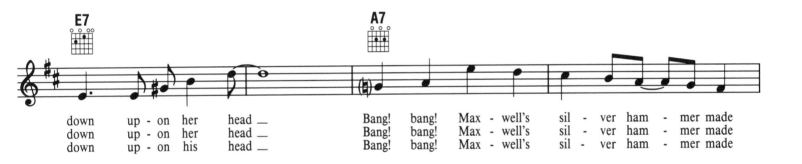

down up - on her head __ Bang! bang! Max - well's sil - ver ham - mer made
down up - on her head __ Bang! bang! Max - well's sil - ver ham - mer made
down up - on his head __ Bang! bang! Max - well's sil - ver ham - mer made

sure that she was dead. __   sure that she was dead. __   sure that he was dead. __

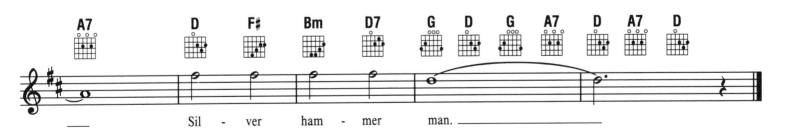

Sil - ver ham - mer man. _____

Michelle

Words and Music by
John Lennon and Paul McCartney

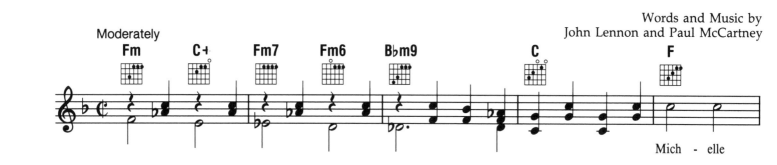

Moderately

Mich - elle

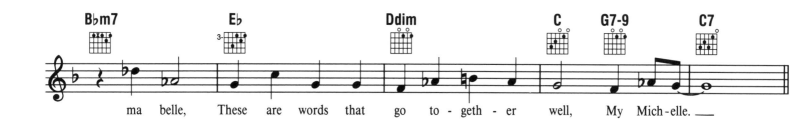

ma belle, These are words that go to - geth - er well, My Mich - elle. ___

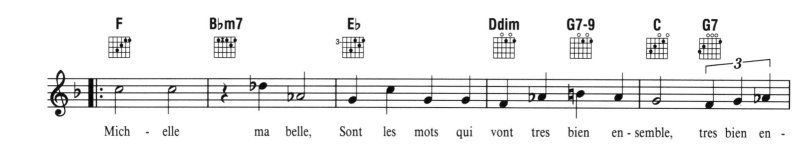

Mich - elle   ma belle,   Sont les mots qui vont tres bien en - semble,   tres bien en -

semble.   { I love you, I love you, I love you,   That's all I want to say ___
            { I need you, I need you, I need you,   I need to make you see ___
            { want you, I want you, I want you,   I think you know by now ___

Un - til I find a way _____   I will say the on - ly words I know that
Oh what you mean to me _____   Un - til I do I'm hop - ing you will
I'll get to you some- how _____   Un - til I do I'm tell - ing you so

you'll un - der - stand,
know what I mean,
you'll un - der - stand,

I love you. _____

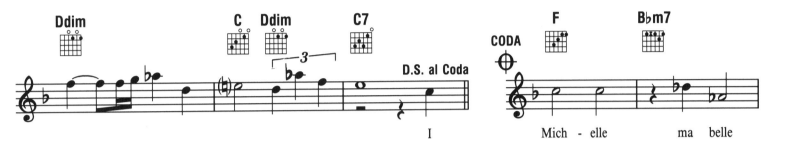

I

CODA

Mich - elle ma belle

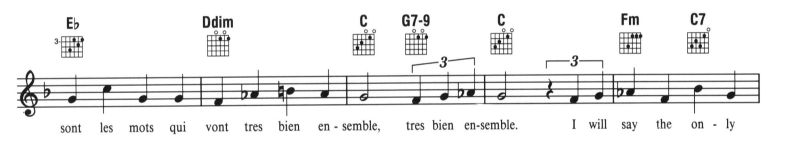

sont les mots qui vont tres bien en - semble, tres bien en-semble. I will say the on - ly

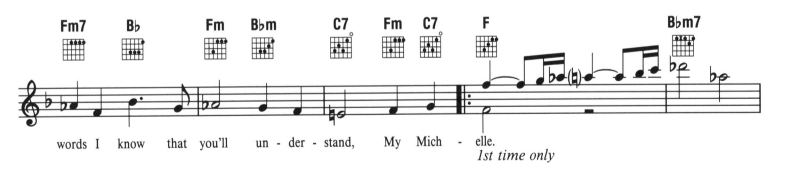

words I know that you'll un - der - stand, My Mich - elle.

1st time only

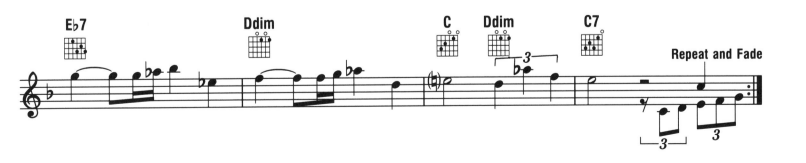

Repeat and Fade

No Reply

Words and Music by
John Lennon and Paul McCartney

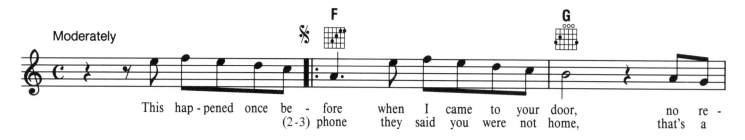

Moderately

This hap-pened once be-fore when I came to your door, no re-
(2-3) phone they said you were not home, that's a

ply. _____ They said it was-n't you, but I saw you peep through your
lie, _____ 'Cos I know where you've been, I saw you walk in your

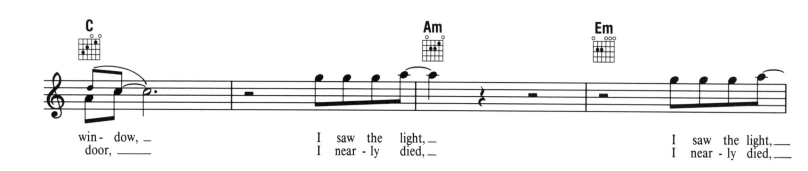

win - dow, _ I saw the light, _ I saw the light, _
door, _____ I near-ly died, _ I near-ly died, _

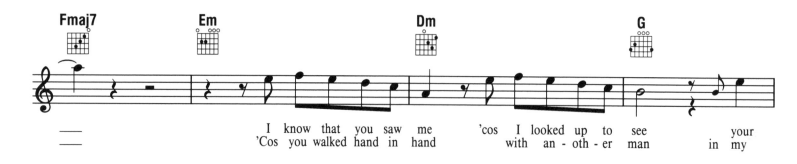

_ I know that you saw me 'cos I looked up to see your
_ 'Cos you walked hand in hand with an-oth-er man in my

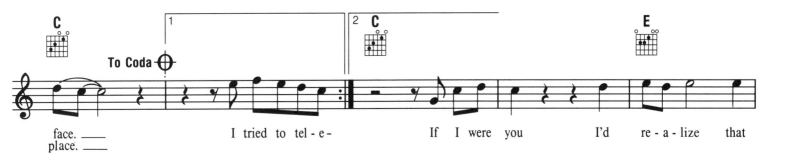

To Coda

face. _____
place. _____

1 I tried to tel-e-

2 If I were you I'd re-a-lize that

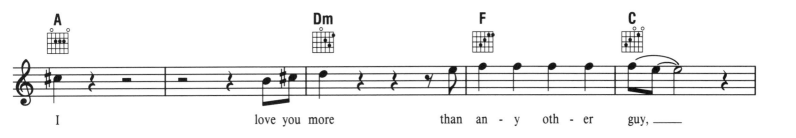

I love you more than an-y oth-er guy, _____

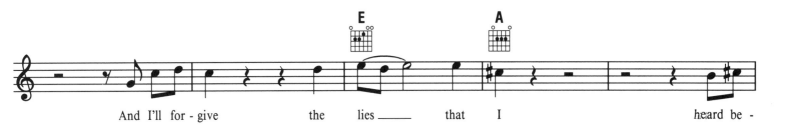

And I'll for-give the lies _____ that I heard be-

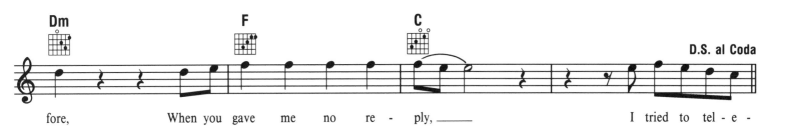

D.S. al Coda

fore, When you gave me no re-ply, _____ I tried to tel-e-

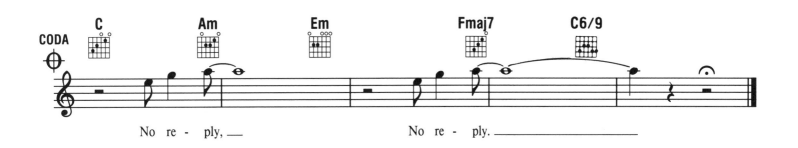

CODA

No re-ply, _____ No re-ply. _____

Norwegian Wood
(This Bird Has Flown)

Words and Music by
John Lennon and Paul McCartney

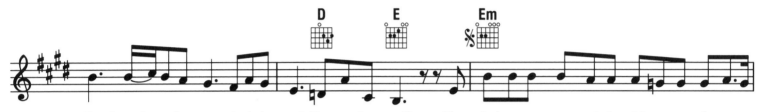

I once had a girl, or should I say she once had me;

She showed me her room, is-n't it good Nor-weg-ian wood? She asked me to stay and she told me to sit an-y
told me she worked in the morn-ing and start-ed to

where,
laugh,

So I looked a-round and I no-ticed there was-n't a chair.
I told her I did-n't and crawled off to sleep in the bath.

I sat on a rug bi-ding my time, drink-ing her wine, We talked un-til two and then she
And when I a-woke I was a-lone, this bird had flown, So I lit a fire, Is-n't it

To Coda

Solo

said "It's time for bed."
good Nor-weg-ian wood?

D.S. al Coda

CODA

Solo

2. She

Ob-La-Di, Ob-La-Da

Words and Music by
John Lennon and Paul McCartney

Ob - la - di _____ ob - la - da, _____ life goes on, _____

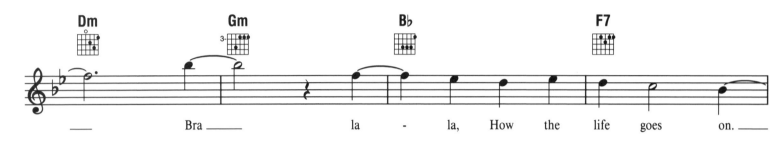

_____ Bra _____ la - la, How the life goes on. _____

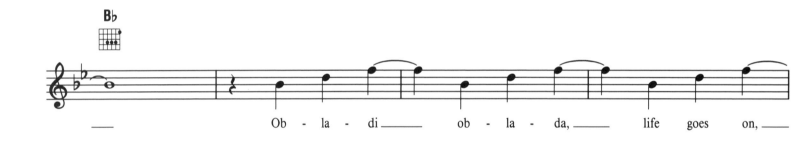

_____ Ob - la - di _____ ob - la - da, _____ life goes on, _____

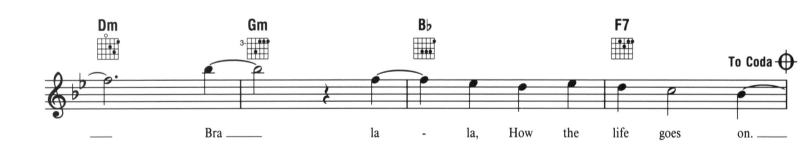

_____ Bra _____ la - la, How the life goes on. _____

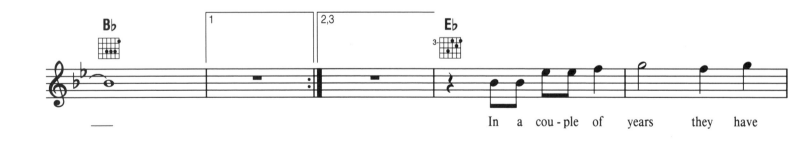

_____ In a cou - ple of years they have

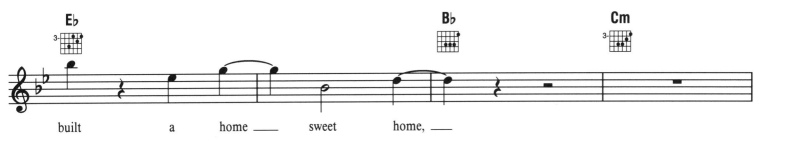

built   a   home ___ sweet   home, ___

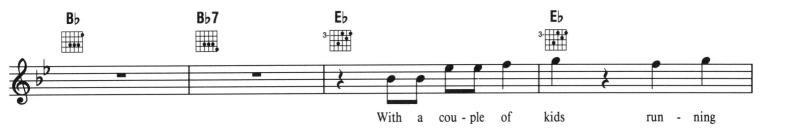

With a cou - ple of kids   run - ning

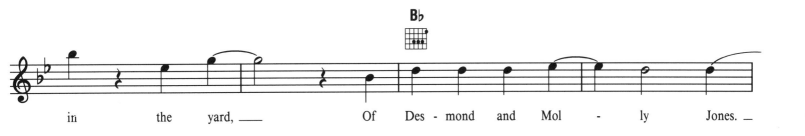

in   the   yard, ___   Of Des - mond and Mol - ly   Jones. ___

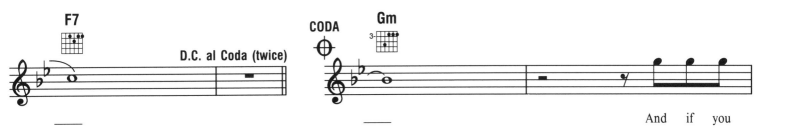

D.C. al Coda (twice)

CODA

___   ___   And if you

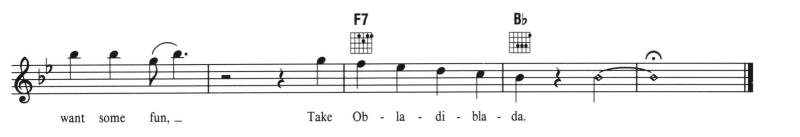

want some   fun, _   Take Ob - la - di - bla - da.

Nowhere Man

Words and Music by
John Lennon and Paul McCartney

miss - ing, _____ No - where Man, _____ The
hur - ry, _____ leave it all _____ Till
miss - ing, _____ No - where Man, _____ The

D.C. al Coda

world _____ is at your com - mand.
some - bod - y else lends you a hand.
world _____ is at your com - mand.

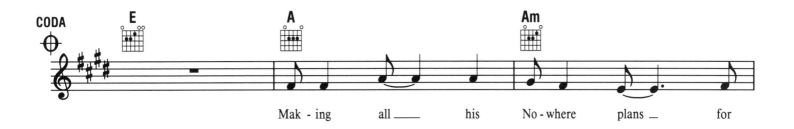

CODA

Mak - ing all _____ his No - where plans _ for

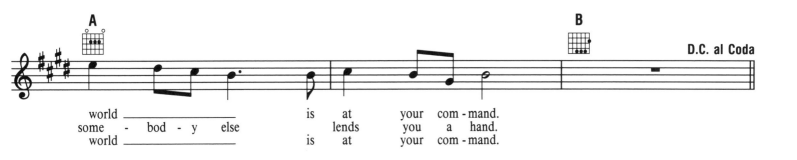

no - bod - y. Mak - ing all _____ his

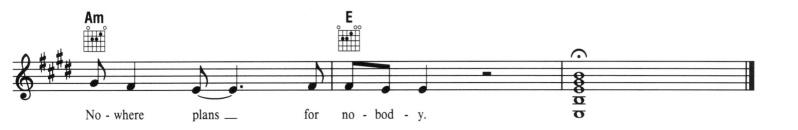

No - where plans _ for no - bod - y.

Octopus's Garden

Words and Music by
Richard Starkey

Moderately bright tempo

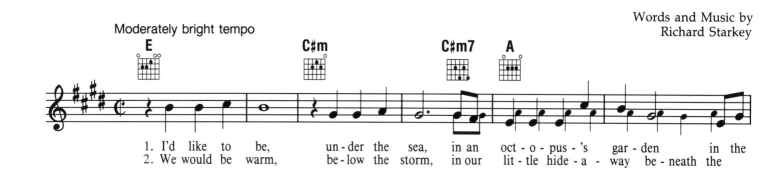

1. I'd like to be, un-der the sea, in an oct-o-pus-'s gar-den in the
2. We would be warm, be-low the storm, in our lit-tle hide-a-way be-neath the

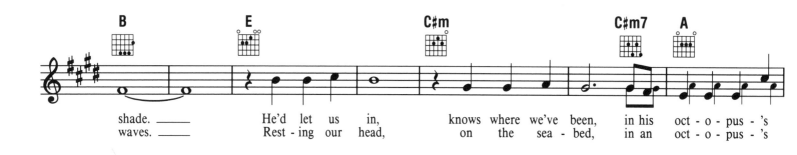

shade. ____ He'd let us in, knows where we've been, in his oct-o-pus-'s
waves. ____ Rest-ing our head, on the sea-bed, in an oct-o-pus-'s

gar-den in the shade. ____ I'd ask my friends to come and see ____
gar-den near a cave. ____ We would sing and dance a-round ____

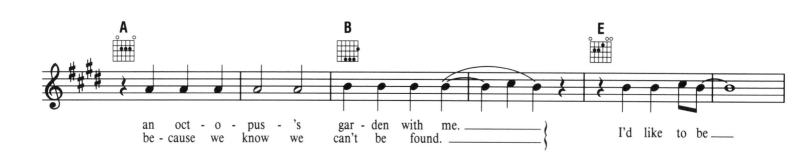

an oct-o-pus-'s gar-den with me. ____ I'd like to be ____
be-cause we know we can't be found. ____

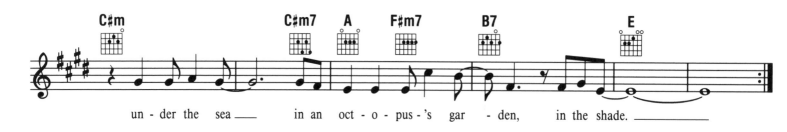

un-der the sea ____ in an oct-o-pus-'s gar-den, in the shade. ____

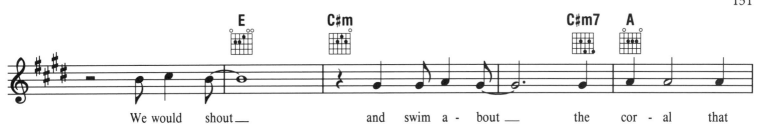

We would shout___ and swim a - bout ___ the cor - al that

lies be - neath the waves. ___ Oh what joy, for ev - 'ry girl and boy___
(lies beneath the ocean waves)

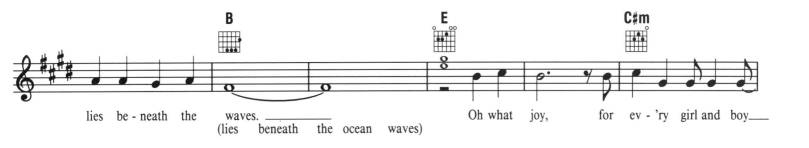

___ know - ing they're hap - py and they're safe. ___ We would

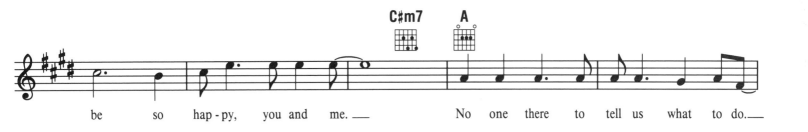

be so hap - py, you and me. ___ No one there to tell us what to do. ___

I'd like to be, ___ un - der the sea, ___ in an

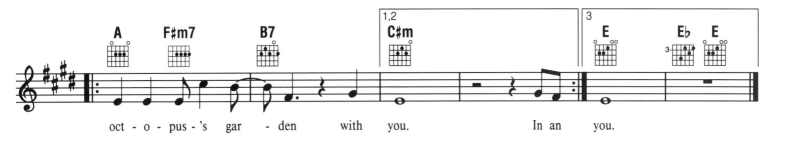

oct - o - pus - 's gar - den with you. In an you.

Lovely Rita

Words and Music by
John Lennon and Paul McCartney

Slow 4

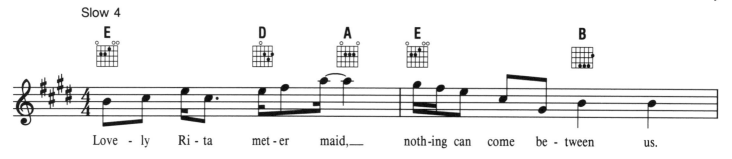

Love - ly Ri - ta met - er maid,___ noth-ing can come be - tween us.

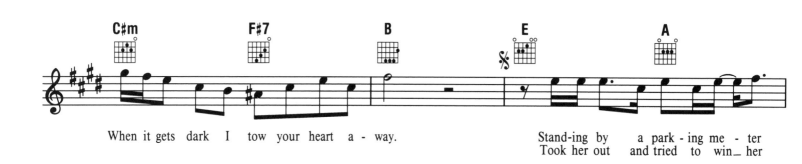

When it gets dark I tow your heart a - way.

Stand-ing by a park - ing me - ter
Took her out and tried to win___ her

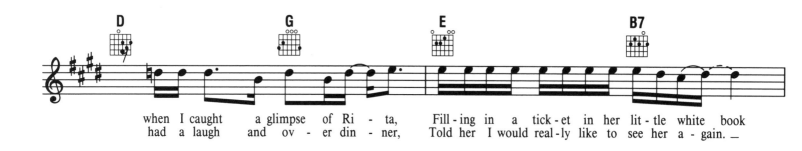

when I caught a glimpse of Ri - ta, Fill-ing in a tick - et in her lit - tle white book
had a laugh and ov - er din - ner, Told her I would real-ly like to see her a - gain. ___

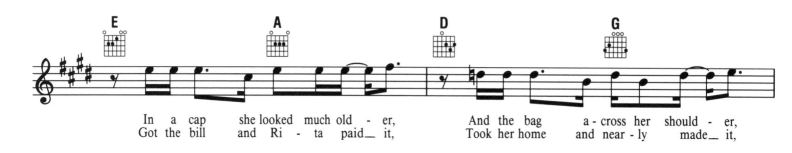

In a cap she looked much old - er, And the bag a - cross her shoul - der,
Got the bill and Ri - ta paid___ it, Took her home and near - ly made___ it,

153

Made her look a lit-tle like a mil-i-t'ry man.___
Sit-ting on a so-fa with a sis-ter or two.___ Oh

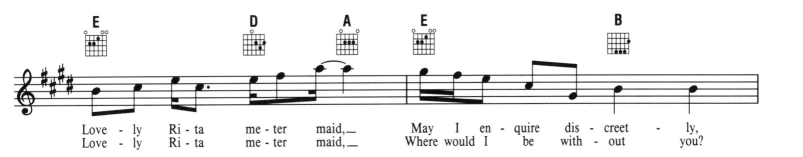

Love-ly Ri-ta me-ter maid,___ May I en-quire dis-creet-ly,
Love-ly Ri-ta me-ter maid,___ Where would I be with-out you?

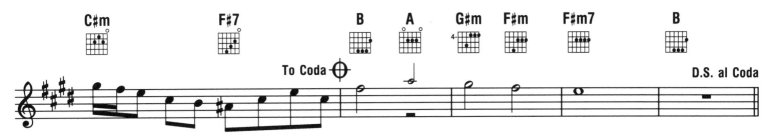

When are you free to take some tea with me?
Give us a wink and make me think of

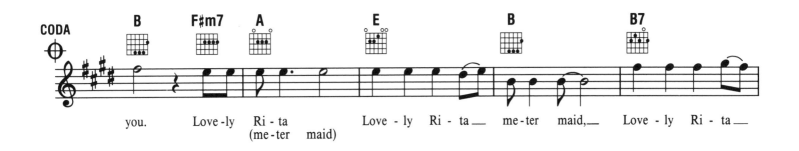

you. Love-ly Ri-ta Love-ly Ri-ta___ me-ter maid,___ Love-ly Ri-ta___
(me-ter maid)

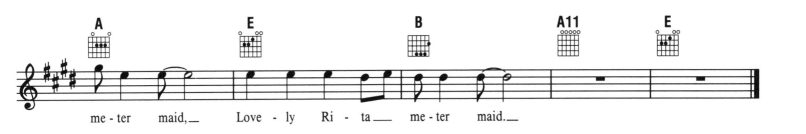

me-ter maid,___ Love-ly Ri-ta___ me-ter maid.___

P.S. I Love You

Words and Music by
John Lennon and Paul McCartney

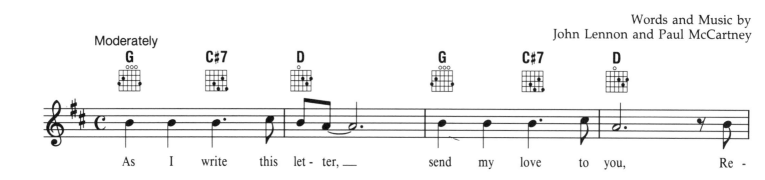

As I write this let-ter, — send my love to you, Re-

mem-ber that I'll al-ways — be in love with — you.

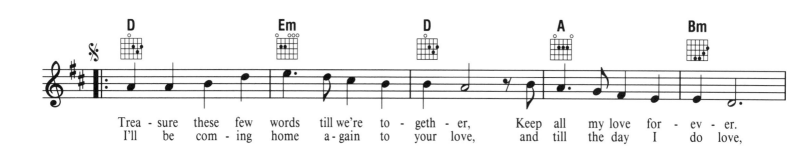

Trea-sure these few words till we're to-geth-er, Keep all my love for-ev-er.
I'll be com-ing home a-gain to your love, and till the day I do love,

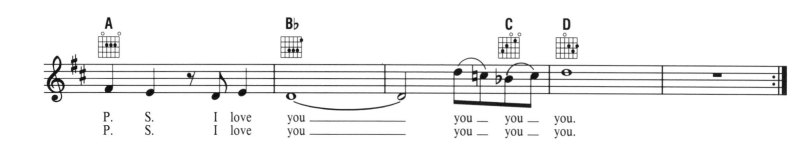

P. S. I love you _____ you — you — you.
P. S. I love you _____ you — you — you.

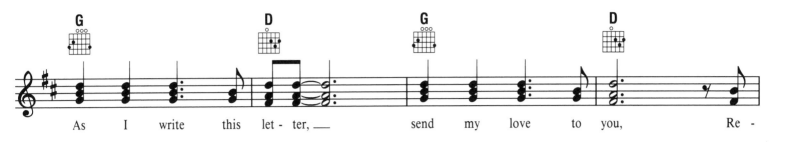

As I write this let - ter, ___ send my love to you, Re -

mem - ber that I'll al - ways ___ be in love with ___ you.

D.S. al Fine

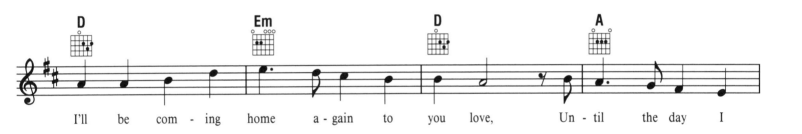

I'll be com - ing home a - gain to you love, Un - til the day I

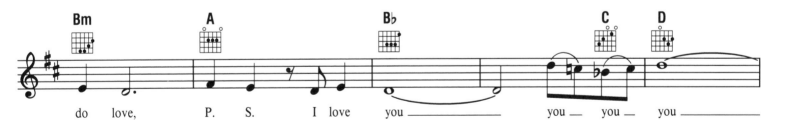

do love, P. S. I love you _____ you ___ you ___ you _____

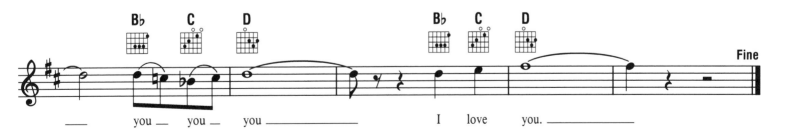

___ you ___ you ___ you _____ I love you. _____

Fine

Paperback Writer

Words and Music by
John Lennon and Paul McCartney

Bright Rock

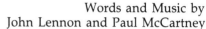

1. Dear___

Sir or Mad-am will you read my book, it took me years to write.___ Will you	
2. dir - ty sto - ry of a dir - ty man and his cling - ing wife ___ does - n't	
3. thou - sand pag - es, give or take a few, I'll be writ - ing more ___ in a	
4. real - ly like it you can have the rights, it could make a mil - lion for you	

take a look? It's based on a nov - el by a man named Lear and I
un - der - stand. His son is work - ing for the Dai - ly Mail, It's a
week or two. I can make it long - er if you like the style, I can
ov - er - night. If you must re - turn it you can send it here, but I

C

need a job, ___ So I want to be a pap - er - back writ - er,
stead - y job, ___ But he wants to be a pap - er - back writ - er,
change it 'round,___ And I want to be a pap - er - back writ - er,
need a break, ___ And I want to be a pap - er - back writ - er,

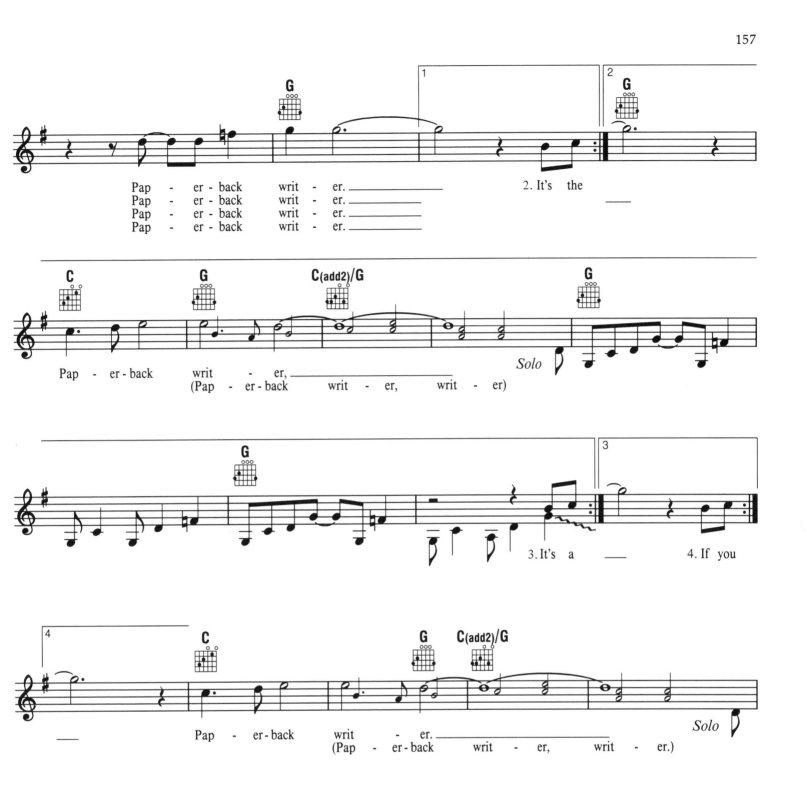

G

Pap - er - back writ - er.

2. It's the

G

Pap - er - back writ - er.
Pap - er - back writ - er.
Pap - er - back writ - er.

C   **G**   **C(add2)/G**   **G**

Pap - er - back writ - er,
(Pap - er - back writ - er, writ - er)

Solo

G

3. It's a _____   **4.** If you

4   **C**   **G**   **C(add2)/G**

_____   Pap - er - back writ - er.
(Pap - er - back writ - er, writ - er.)

Solo

G

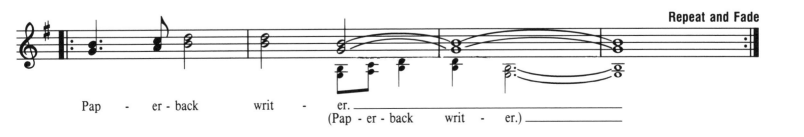

Repeat and Fade

Pap - er - back writ - er.
(Pap - er - back writ - er.)

Penny Lane

Words and Music by
John Lennon and Paul McCartney

Moderate ragtime feeling

In Pen-ny Lane ___ there is a bar - ber show-ing pho - to-graphs, ___ of ev-'ry head ___
cor - ner is a bank - er with a mo - tor car, ___ the lit - tle child ___
___ the bar-ber shaves an-oth-er cust - o - mer, ___ we see the bank -

___ he's had the plea - sure to ___ know, And all the peo - ple that come and go ___
- ren laugh at him be-hind his back, And the bank - er nev - er wears a mac -
- er sit - ting wait - ing for a trim, ___ And then the fire - man rush - es

___ stop and say ___ "hel-lo." On the
in the pour - ing rain,
from the pour - ing rain, Ve - ry strange ___ Pen - ny Lane
Ve - ry strange ___ Pen - ny Lane

___ is in my ears ___ and in my eyes. ___ Wet be-neath the blue ___
Full of fish ___
There be-neath the blue ___

___ sub - ur - ban skies ___ I sit, and mean - while back in Pen - ny Lane
___ and fin - ger pies in sum - mer, mean - while back be-hind the shel -
___ sub - ur - ban skies ___ I sit, and

To Coda

159

Please Please Me

Words and Music by
John Lennon and Paul McCartney

Last night I said these words to my _____ girl,
You don't need me to show the way _____ love,

"I know you nev - er e - ven try _____ girl,}
Why do I al - ways have to say _____ love,}
Come

on, Come on come on, come on, Please please me, oh,

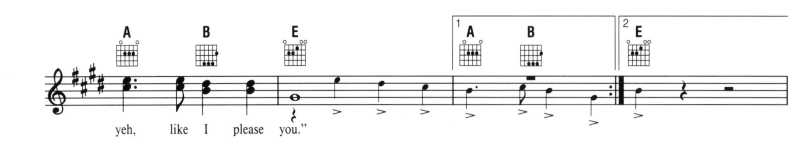

yeh, like I please you."

I don't want to sound com - plain - ing but you know there's al - ways rain in my _____ heart.

(In my heart) I do all the pleas-ing with you, it's so hard to rea-son with

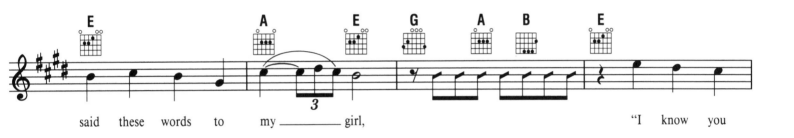

you, Oh yeh, Why do you make me blue. Last night I

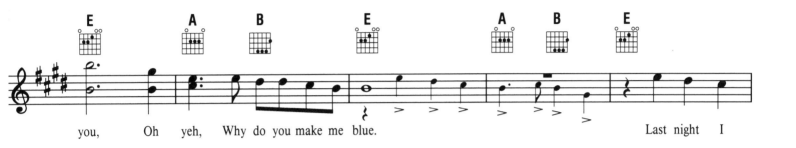

said these words to my _____ girl, "I know you

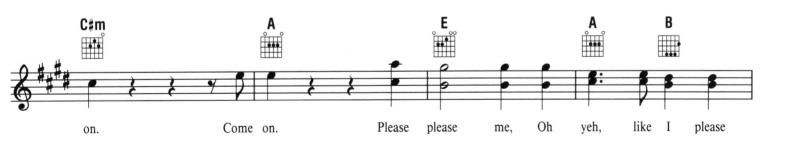

nev-er e-ven try _____ girl, Come on, come on, come

on. Come on. Please please me, Oh yeh, like I please

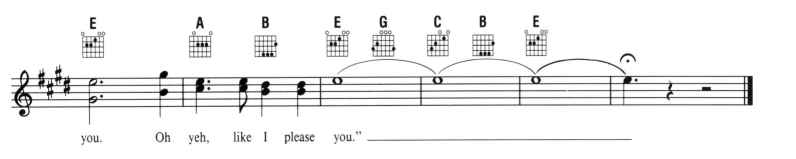

you. Oh yeh, like I please you." _____

Rain

Words and Music by
John Lennon and Paul McCartney

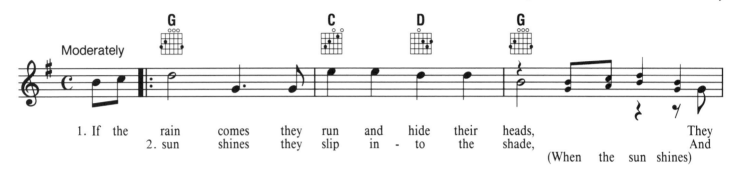

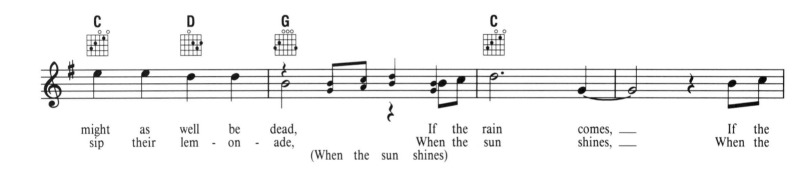

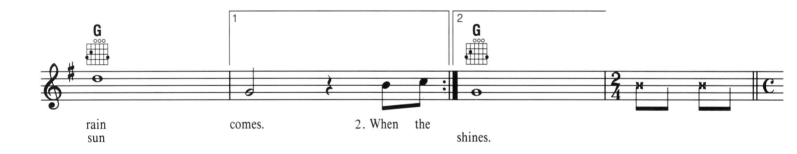

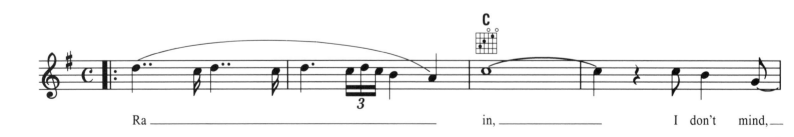

—

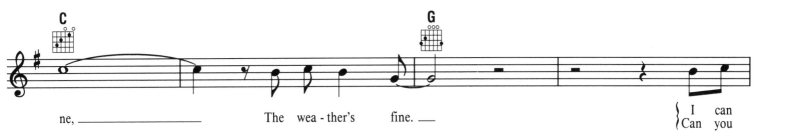

Shi

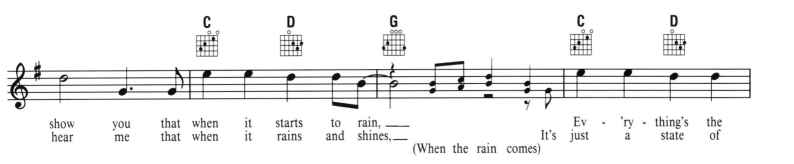

ne, _____ The wea-ther's fine. ___

I can
Can you

show you that when it starts to rain, ___ Ev - 'ry - thing's the
hear me that when it rains and shines, ___ It's just a state of
(When the rain comes)

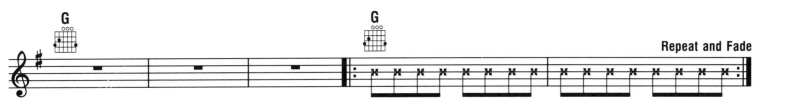

same, I can show you, I can show you.
mind, Can you hear me, Can you hear me?

Repeat and Fade

Revolution

Words and Music by
John Lennon and Paul McCartney

Moderately

1. You say you want a re‑vo‑lu‑tion, _____ Well _____ you know _____
2. say you got a real so‑lu‑tion, _____ Well _____ you know _____
3. say you'll change the con‑sti‑tu‑tion, _____ Well _____ you know _____

we all want _____ to change the world. You
we'd all love _____ to see the plan. _____ You
we all want _____ to change your head. You

tell me that it's e‑vo‑lu‑tion, _____ Well _____ you know _____
ask me for a con‑tri‑bu‑tion, _____ Well _____ you know _____
tell me it's the in‑sti‑tu‑tion, _____ Well _____ you know _____

We all want _____ to change the world. _____
We're do‑ing what we can. _____
You'd bet‑ter free your mind in‑stead. _____

But when you talk a‑bout des‑truc‑tion, _____
But when you want mo‑ney for peo‑ple with minds that hate, _____
But if you go car‑ry‑ing pic‑tures of Chair‑man Mao, _____

Don't you know that you can count me out. __
All I can tell you is bro - ther you have to wait. __
You ain't going to make it with an - y-one an - y - how. __

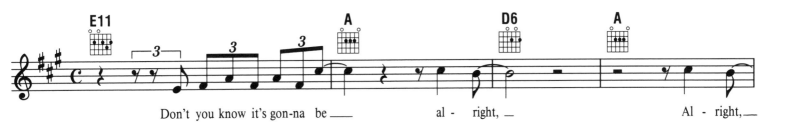

Don't you know it's gon-na be __ al - right, __ Al - right, __

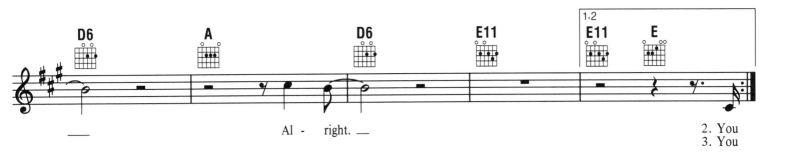

Al - right. __   2. You
                                             3. You

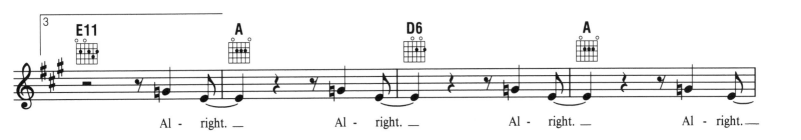

Al - right. __ Al - right. __ Al - right. __ Al - right. __

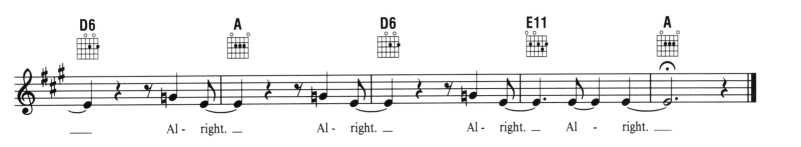

__ Al - right. __ Al - right. __ Al - right. __ Al - right. __

Rocky Raccoon

Words and Music by
John Lennon and Paul McCartney

Now some-where in the Black Moun - tain

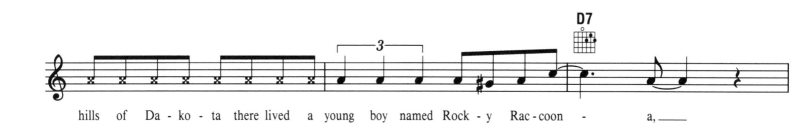

hills of Da - ko - ta there lived a young boy named Rock - y Rac - coon - a, ___

And one day his wo - man ran off ___ with an - oth - er guy.

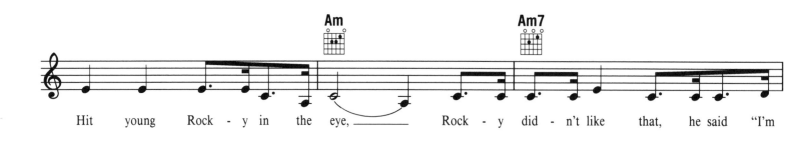

Hit young Rock - y in the eye, ___ Rock - y did - n't like that, he said "I'm

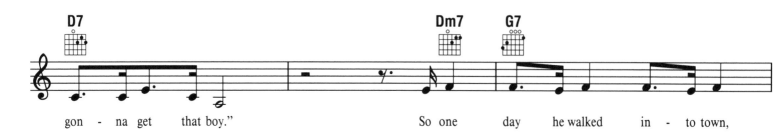

gon - na get that boy." So one day he walked in - to town,

Booked him-self a room in the lo-cal sa-loon — a.

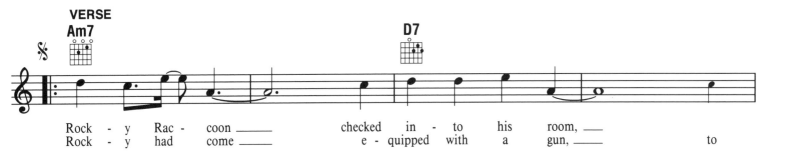

VERSE

Rock - y Rac - coon ____ checked in - to his room, ____
Rock - y had come ____ e - quipped with a gun, ____ to

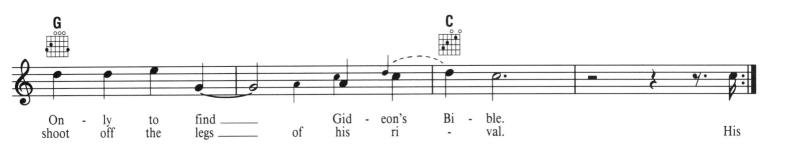

On - ly to find ____ Gid - eon's Bi - ble.
shoot off the legs ____ of his ri - val. His

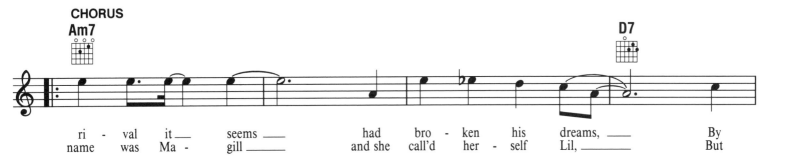

CHORUS

ri - val it ____ seems ____ had bro - ken his dreams, ____ By
name was Ma - gill ____ and she call'd her - self Lil, ____ But

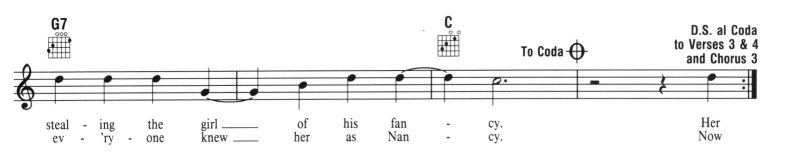

To Coda ⊕

D.S. al Coda
to Verses 3 & 4
and Chorus 3

steal - ing the girl ____ of his fan - cy. Her
ev - 'ry - one knew ____ her as Nan - cy. Now

Repeat all times

CODA ⊕

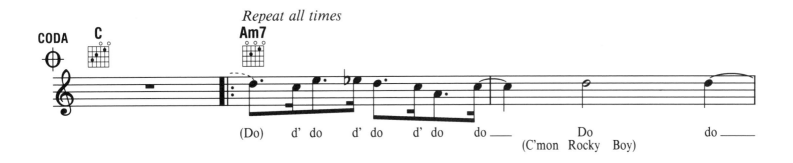

(Do) d' do d' do d' do do ____ Do do ____
(C'mon Rocky Boy)

168

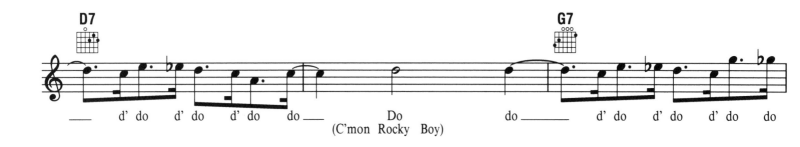

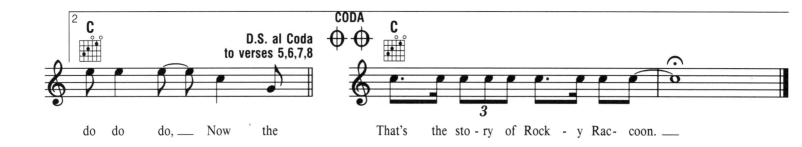

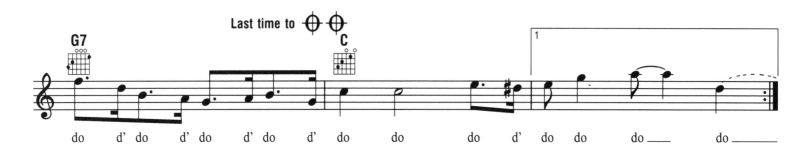

ROCKY RACCOON

Verse 3. Now she and her man who called himself Dan,
Were in the next room at the hoe down.

Verse 4. Rocky burst in and grinning a grin,
He said "Danny boy this is a showdown."

Chorus 3. But Daniel was hot — he drew first and shot,
And Rocky collapsed in the corner.

Verse 5. Now the doctor came in stinking of gin,
And proceeded to lie on the table.

Verse 6. He said "Rocky you met your match,"
And Rocky said, "Doc it's only a scratch,
And I'll be better, I'll be better doc as soon as I am able."

Verse 7. Now Rocky Raccoon he fell back in his room,
Only to find Gideon's Bible.

Verse 8. Gideon checked out and he left it no doubt,
To help with good Rocky's revival.

Oh! Darling

Words and Music by
John Lennon and Paul McCartney

Run For Your Life

Words and Music by
John Lennon and Paul McCartney

Well, I'd ra-ther see you dead ___ lit-tle girl than to
know that I'm a wick-ed guy and I was

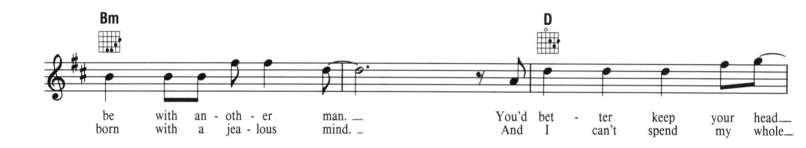

be with an-oth-er man. ___ You'd bet-ter keep your head ___
born with a jea-lous mind. ___ And I can't spend my whole ___

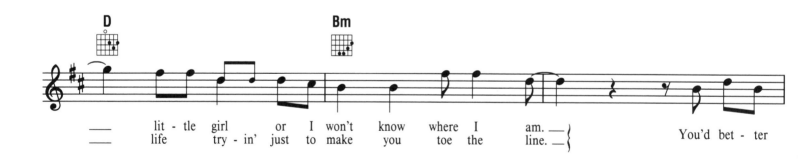

___ lit-tle girl or I won't know where I am. ___
___ life try-in' just to make you toe the line. ___ } You'd bet-ter

CHORUS

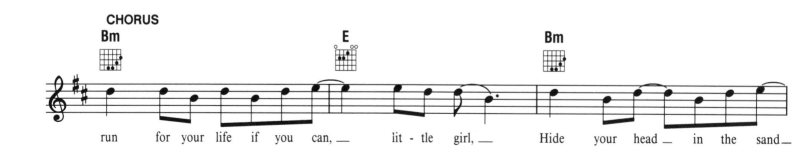

run for your life if you can, ___ lit-tle girl, ___ Hide your head ___ in the sand ___

lit - tle girl, ___ Catch you with an - oth - er man, ___ that's the end ___

___ a lit - tle girl.

1,2,3

Well you

Repeat to Fade

4

no no no, _____ no no no ____

RUN FOR YOUR LIFE

Verse 3: Let this be a sermon,
I mean everything I said,
Baby, I'm determined,
And I'd rather see you dead.

Chorus: You'd better run for your life
If you can, little girl,
Hide your head in the sand, little girl,
If I catch you with another man,
That's the end-a, little girl.

Verse 4: I'd rather see you dead, little girl,
Than to be with another man,
You'd better keep your head, little girl,
Or I won't know where I am.

Chorus: You'd better *etc.*

Sexy Sadie

Words and Music by
John Lennon and Paul McCartney

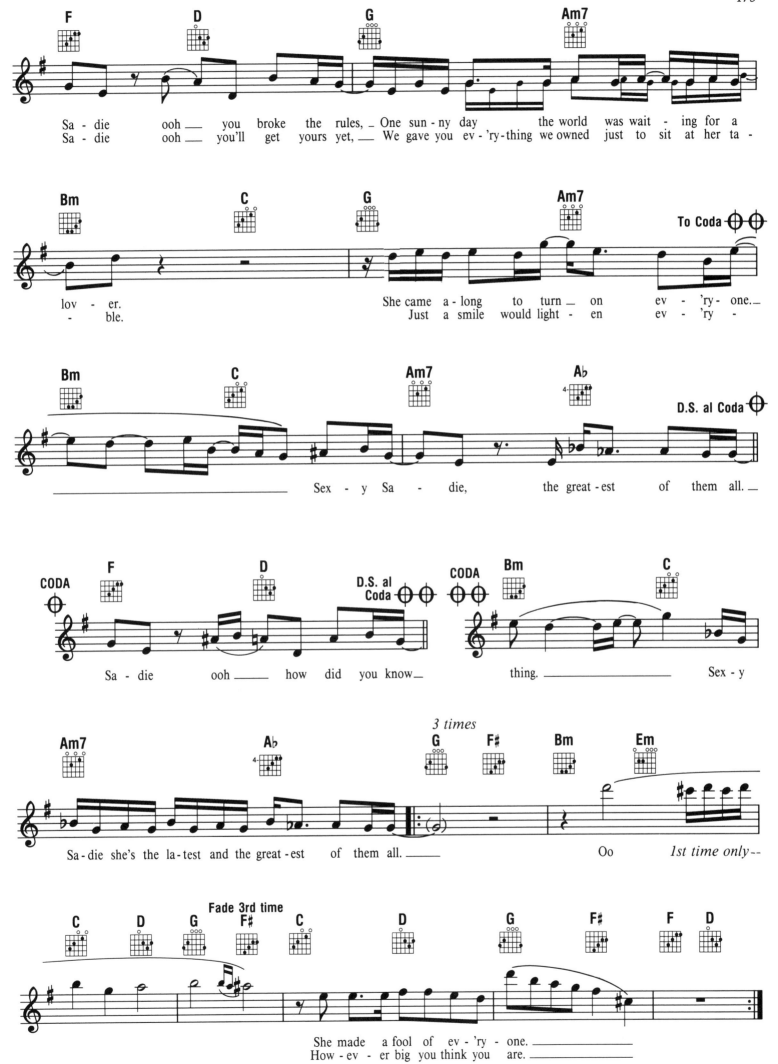

Sgt. Pepper's Lonely Hearts Club Band

Words and Music by
John Lennon and Paul McCartney

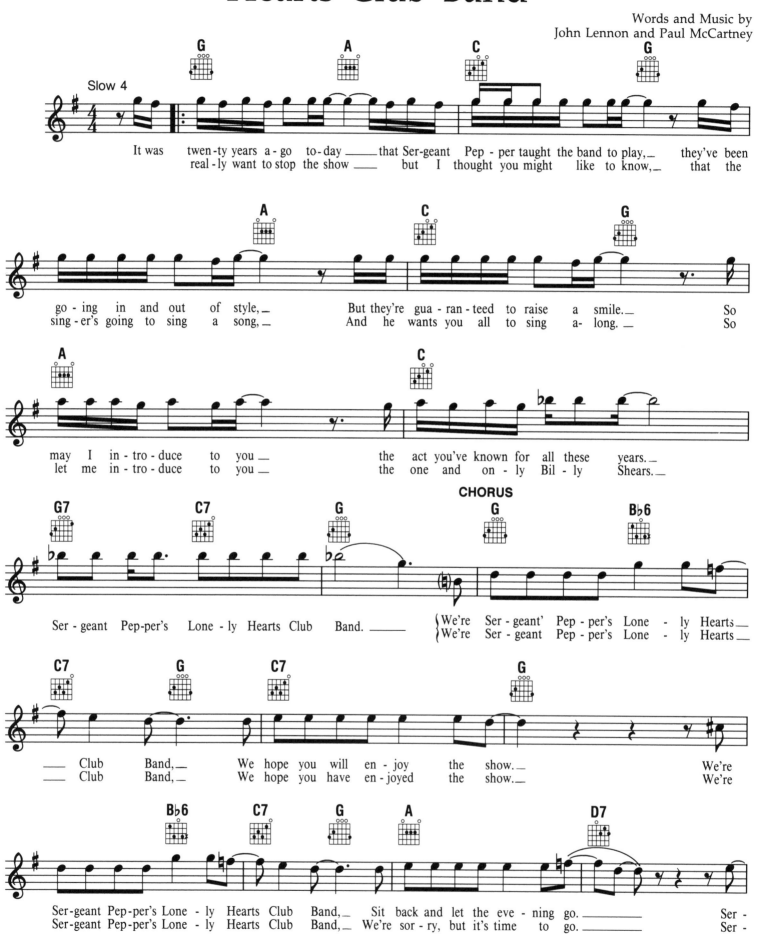

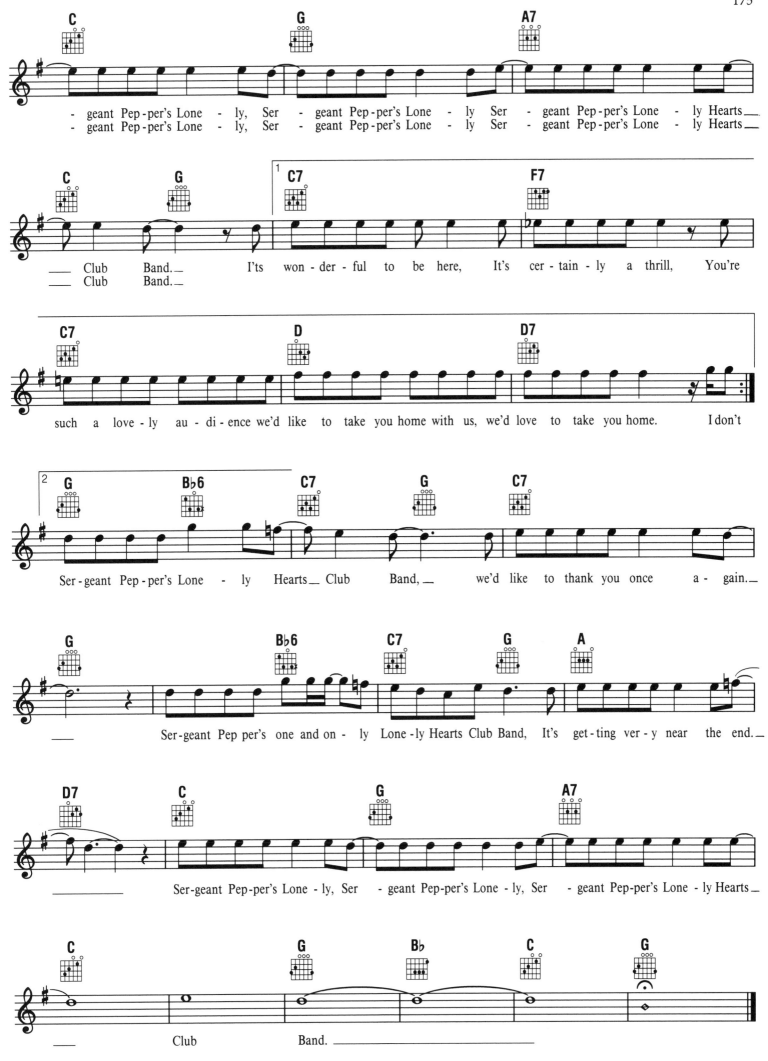

She Loves You

Words and Music by
John Lennon and Paul McCartney

Moderately

She loves you yeh, yeh, yeh, — She loves you yeh, yeh, yeh, — She

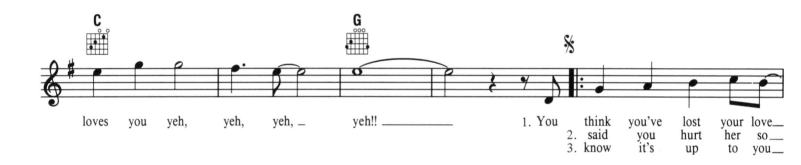

loves you yeh, yeh, yeh, — yeh!! _____

1. You think you've lost your love__
2. said you hurt her so__
3. know it's up to you__

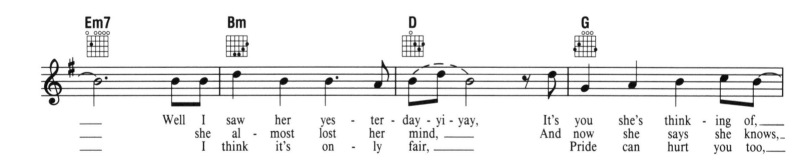

Well I saw her yes - ter - day - yi - yay,   It's you she's think - ing of,__
she al - most lost her mind, __   And now she says she knows,__
I think it's on - ly fair, _____   Pride can hurt you too,__

And she told me what to say - yi - yay.   She says she
You're not the hurt - ing kind. __   She says she } loves you, and you
A - pol - o - gize to her. __   Be - cause she }

know that can't be bad, _____ Yes she loves you and you know you should be glad,__

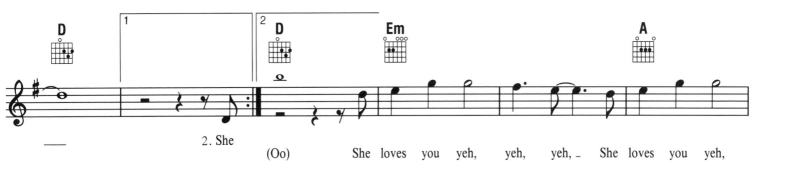

__ 2. She
(Oo) She loves you yeh, yeh, yeh,_ She loves you yeh,

yeh, yeh,_ And with a love like that you know you should be glad. _____ 3. You

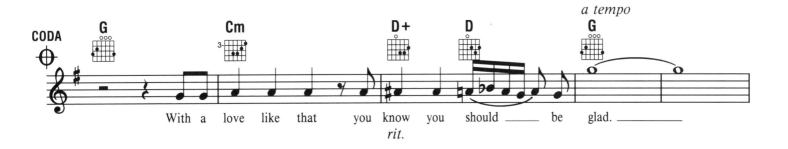

With a love like that you know you should ____ be glad. _____
rit.

Yeh, yeh, yeh,____ Yeh, yeh, yeh,_ yeh. _____

She's Leaving Home

Words and Music by
John Lennon and Paul McCartney

Moderate waltz tempo

Wedn's - day morn - ing at five o' - clock as the day be - gins. __
Fa - ther snores as his wife gets in - to her dress - ing gown. __

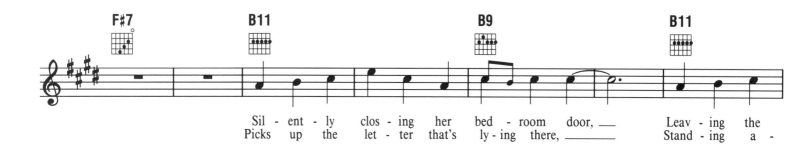

Sil - ent - ly clos - ing her bed - room door, __ Leav - ing the
Picks up the let - ter that's ly - ing there, __ Stand - ing a -

note that she hoped would say more, She goes down - stairs to the kit - chen,
lone at the top of the stairs, She breaks down and cries to her hus - band,
Fri - day morn - ing at nine o' -

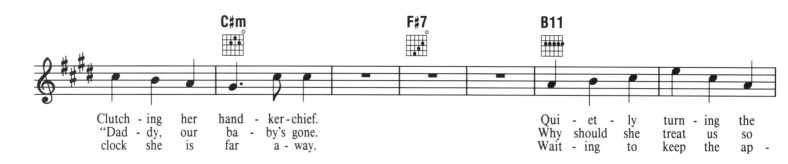

Clutch - ing her hand - ker - chief. Qui - et - ly turn - ing the
"Dad - dy, our ba - by's gone. Why should she treat us so
clock she is far a - way. Wait - ing to keep the ap -

back - door key, __ Step - ping out - side she is free.
thought - less - ly? __ How could she do this to me?"
point - ment she made, Meet - ing a man from the mo - tor trade.

Something

Words and Music by
George Harrison

Slow 4/4

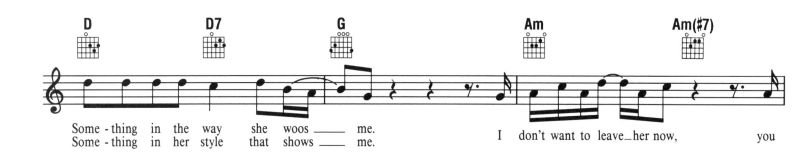

1. Some-thing in the way_ she moves,_ at - tracts me like no oth - er lov - er;
2. Some-where in her smile_ she knows,_ that I don't need no oth - er lov - er;

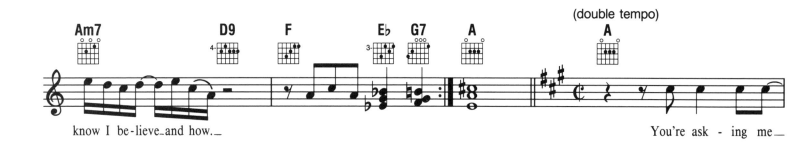

Some - thing in the way she woos _____ me.
Some - thing in her style that shows _____ me.   I don't want to leave_her now,   you

(double tempo)

know I be-lieve_and how._   You're ask - ing me

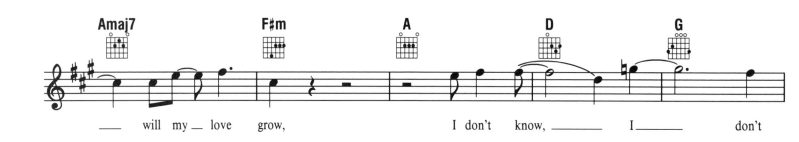

_____ will my _ love grow,   I don't know, _____ I _____ don't

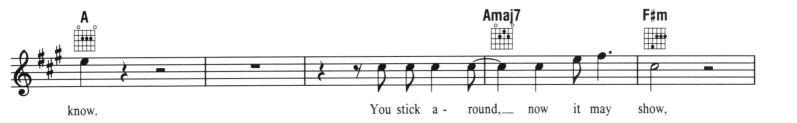

know.

You stick a - round,__ now it may show,

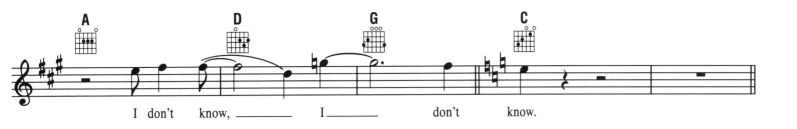

I don't know, _____ I _____ don't know.

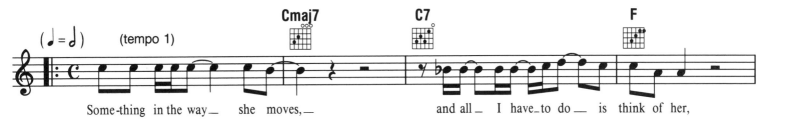

(♩ = ♩)   (tempo 1)

Some-thing in the way__ she moves,__   and all__ I have to do__ is think of her,

Some-thing in __ the way __ she __ shows __ me.   I don't want to leave her now,   you

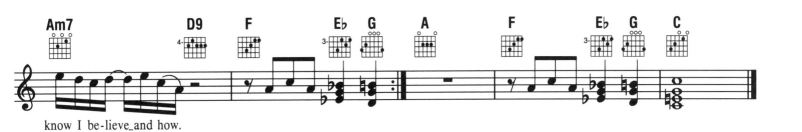

know I be-lieve and how.

Strawberry Fields Forever

Words and Music by
John Lennon and Paul McCartney

Let me take you down — 'cos I'm go - in' to Straw - ber - ry Fields.

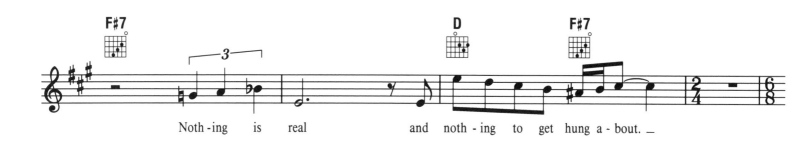

Noth - ing is real and noth - ing to get hung a - bout. —

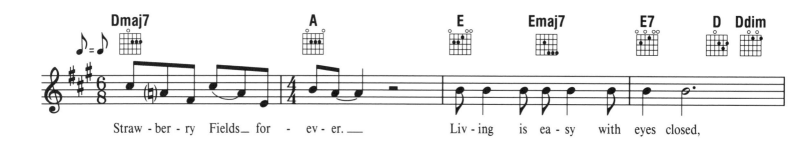

Straw - ber - ry Fields — for - ev - er. — Liv - ing is ea - sy with eyes closed,

Mis - un - der - stand - ing all you see. It's get - ting hard to be some - one but it all — works — out,

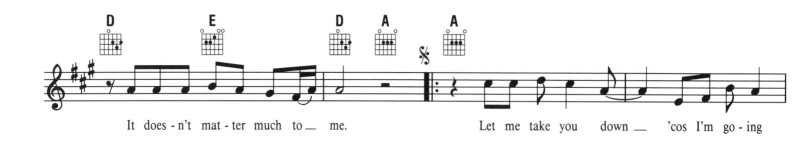

It does - n't mat - ter much to — me. Let me take you down — 'cos I'm go - ing

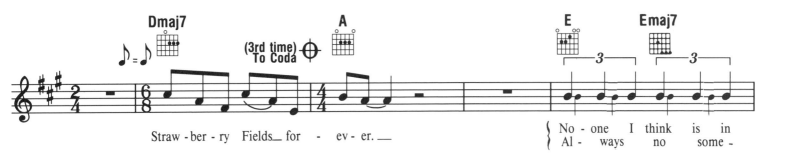

to Straw-ber-ry Fields, Noth-ing is real and noth-ing to get hung a-bout.__

Straw-ber-ry Fields__ for - ev - er. __

{ No - one I think is in
{ Al - ways no some -

my tree, __ I mean it must be high or low. _____ That is, you know you can't tune
times think it's me, But you know I know when it's a dream. __ I think a "No" will be a

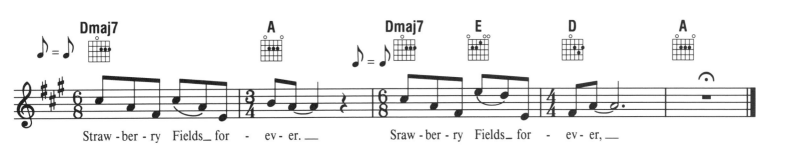

in but it's all _____ right, That is I think it's not too__ bad.
"Yes" but it's all _____ wrong, That is I think I dis-a - gree.

ev - er. __

Straw-ber-ry Fields__ for - ev - er. __ Sraw-ber-ry Fields__ for - ev - er, __

Sun King

Words and Music by
John Lennon and Paul McCartney

Taxman

Words and Music by
George Harrison

Tell Me Why

Words and Music by
John Lennon and Paul McCartney

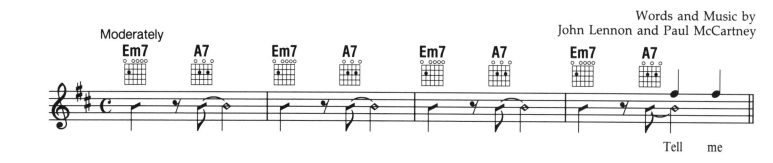

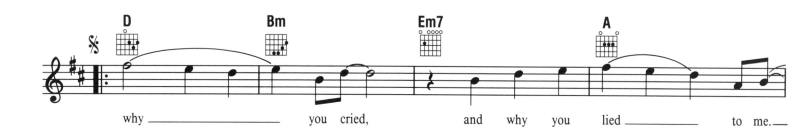

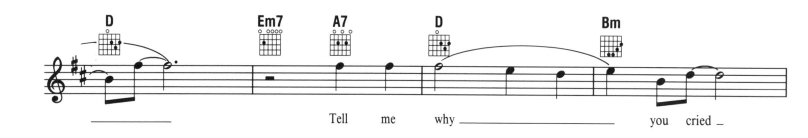

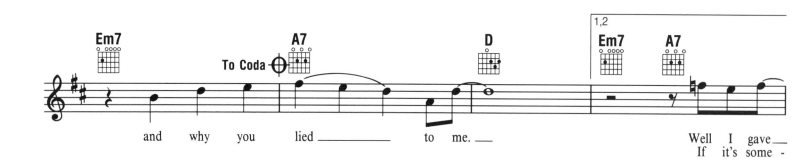

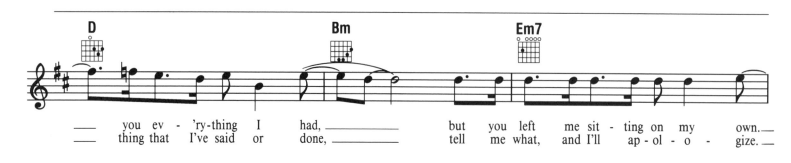

Did you have ___ to treat me oh so bad? _____ All I
If you don't ___ I real - ly can't go on, _____ Hold - ing

do is hang my head and moan. —} Tell me
back these tears in my eyes. —} Well I beg you on my bend-ed knees,___

_____ If you'll on - ly lis - ten to my pleas. __ Is there an - y-thing I can

D.S al Coda

do?_____ 'Cos I real - ly can't stand it, I'm so in love with __ you. Tell me

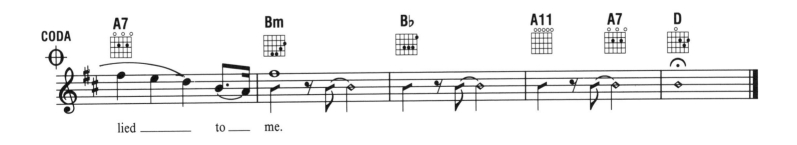

lied _____ to __ me.

Thank You Girl

Words and Music by
John Lennon and Paul McCartney

(1-3) You've been good to me, You made me glad when I was
(2) I could tell the world a thing or two a - bout our

blue.
love.

And e - ter - nal - ly I'll al - ways
I know, lit - tle girl, On - ly a

be in love with you.}
fool would doubt our love.}

And all I got - ta do is

thank you, girl, Thank you girl. Thank you girl. Thank you girl for

lov - ing me the way that you do, the way that you do. That's the kind of

love that is too good to be true. And all I got - ta

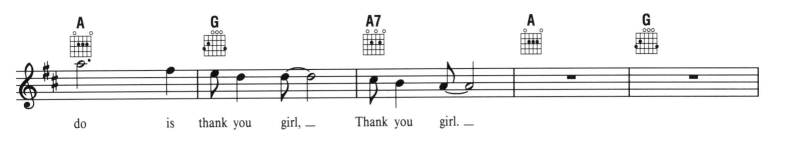

do is thank you girl, __ Thank you girl. __

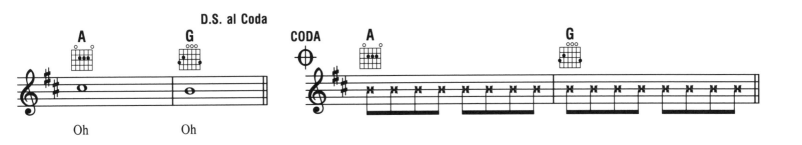

D.S. al Coda

Oh   Oh

CODA

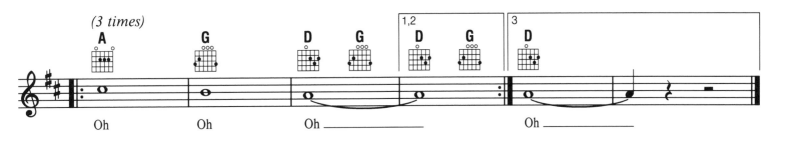

(3 times)

Oh   Oh   Oh _____   Oh _____

There's A Place

Words and Music by
John Lennon and Paul McCartney

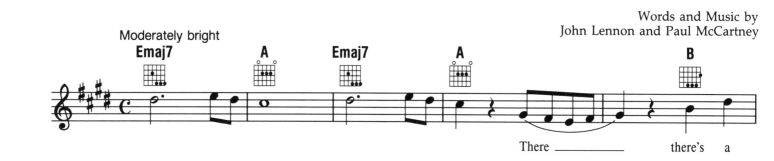

There _____ there's a

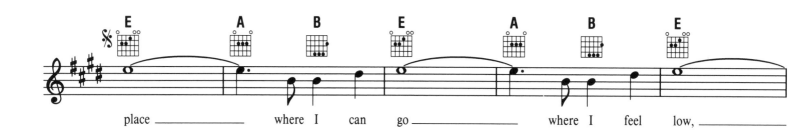

place _____ where I can go _____ where I feel low, _____

___ When I feel blue. _____ And it's my mind _____ and there's no

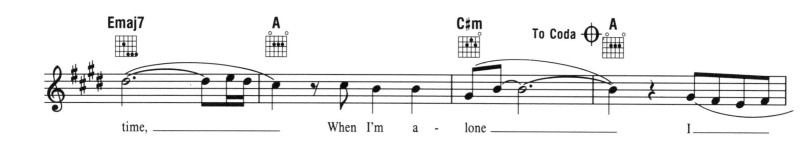

time, _____ When I'm a - lone _____ I _____

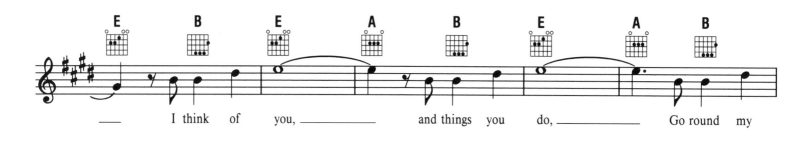

___ I think of you, _____ and things you do, _____ Go round my

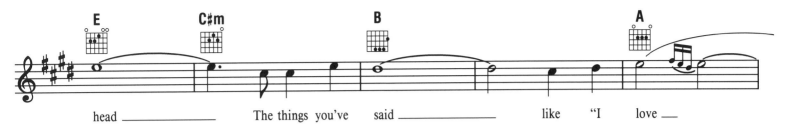

head _____ The things you've said _____ like "I love ___

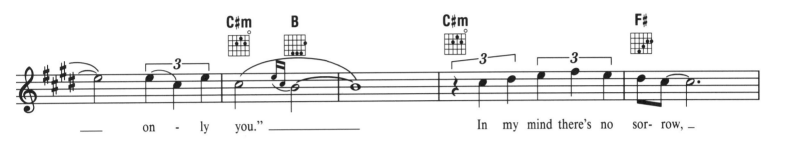

___ on - ly you." _____ In my mind there's no sor-row, _

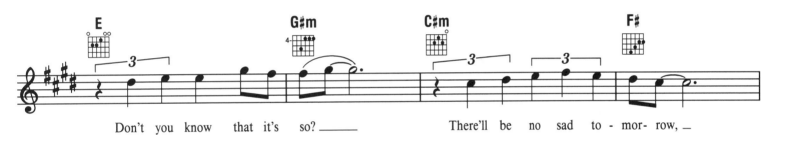

Don't you know that it's so? ____ There'll be no sad to-mor-row, _

D.S. al Coda

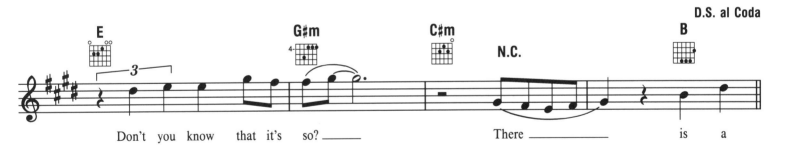

Don't you know that it's so? ____ There _____ is a

Repeat and Fade

___ There _____ oh there's a place. _____ Oh there's a

Things We Said Today

Words and Music by
John Lennon and Paul McCartney

1. You say — you will — love —
2. You say — you'll be — mine —
3. — to — make you — mine —

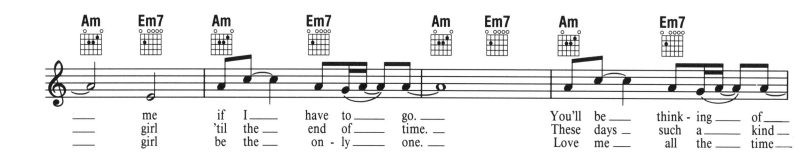

— me if I have to go. — You'll be — think-ing — of —
— girl 'til the — end of — time. — These days — such a — kind
— girl be the — on - ly one. — Love me — all the — time

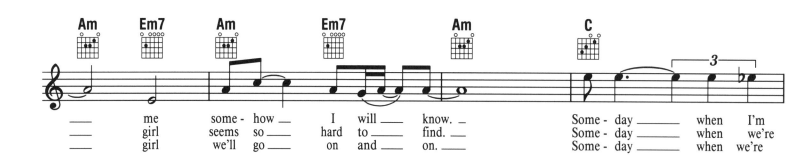

— me some - how — I will — know. — Some - day — when I'm
— girl seems so — hard to — find. — Some - day — when we're
— girl we'll go — on and — on. — Some - day — when we're

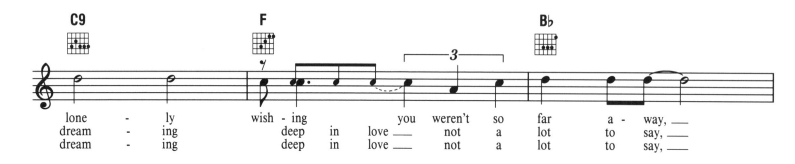

lone - ly wish - ing you weren't so far a - way, —
dream - ing deep in love — not a lot to say, —
dream - ing deep in love — not a lot to say, —

193

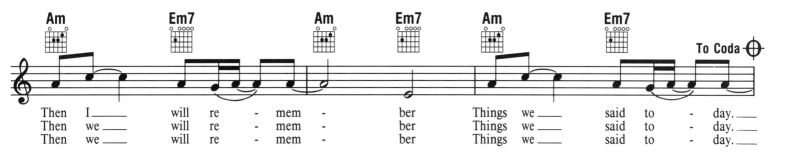

Then I_____ will re - mem - ber Things we ____ said to - day.____
Then we_____ will re - mem - ber Things we ____ said to - day.____
Then we_____ will re - mem - ber Things we ____ said to - day.____

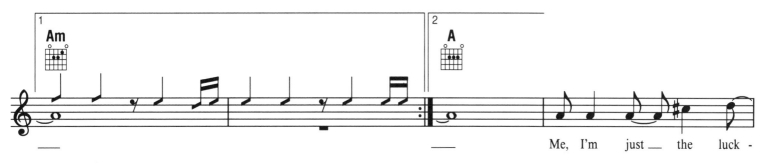

_____   _____ Me, I'm just __ the luck -

- y kind, __ Love to hear __ you say __ that love is love,__

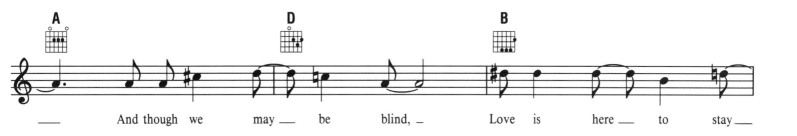

____ And though we may __ be blind, __ Love is here __ to stay ___

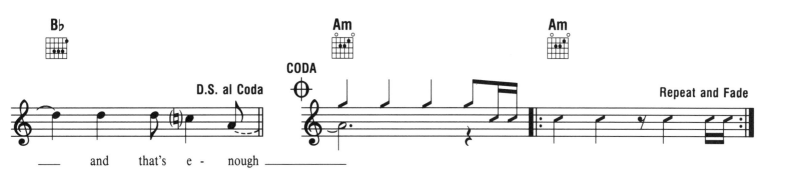

____ and that's e - nough _____

This Boy
(Ringo's Theme)

Words and Music by
John Lennon and Paul McCartney

1. That boy ____ took my love a - way.   Oh, he'll . re - gret it some
2. That boy ____ is - n't good for you.   Though he may want some you

day, ____   But this boy wants you __ back a - gain. ____
too, ____   This boy wants you __ back a - gain. ____

Oh, and ____ this boy ____ would be hap - py, ____ just to love __ you, But, oh

my - yi - yi - yi, ____ that boy ____ won't be hap - py, ____ till he's seen you

cry - hi - hi - hi, ____ This boy ____ would - n't mind the pain,

would al - ways feel __ the same, ____ If this boy gets you __ back a - gain.

Repeat and Fade

This boy. ____   This boy. ____

We Can Work It Out

Words and Music by
John Lennon and Paul McCartney

Ticket To Ride

Words and Music by
John Lennon and Paul McCartney

1. I

think I'm gon-na be sad, ___ I think it's to- day, ___ Yeh, ___ The

2. 3. said that liv-ing with me ___ is bring-ing her down, ___ Yeh. ___ For

girl that's driv-ing me mad ___ is go-ing a- way, ___

she would nev-er be free ___ when I was a- round, ___

She's got a tick-et to ride, ___ She's got a tick-et to ri -hi- hide, ___

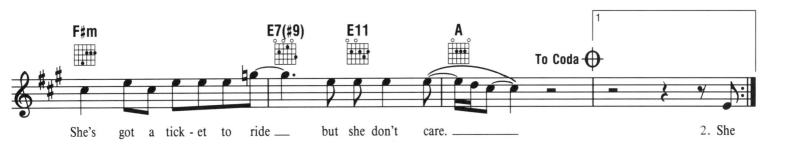

She's got a tick-et to ride ___ but she don't care. ___ 2. She

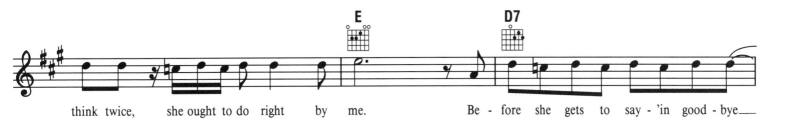

I don't know why she's rid-ing so high, ___ She ought to

think twice, she ought to do right by me. Be-fore she gets to say-'in good-bye ___

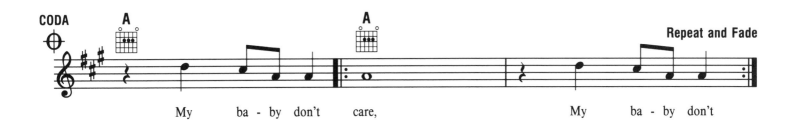

___ She ought to think twice, she ought to do right by me. She

CODA

My ba-by don't care, My ba-by don't

Twist And Shout

Words and Music by
Burt Russell and Phil Medley

Moderately, with a beat

Well, shake it up ba - by, __ now,
- by, __ now,
- by, __ now, } (Shake it up ba - by) Twist and

shout. __ (Twist and shout) __ Come on, come on, __ come on, __ come on, ba - by __ now. (Come on ba -

Come on and work it on out. __
- by)
Well, work it on out, __
(Work it on out) __ You know you twist lit - tle girl,

(Work it on out) __ You know you look so good. __ (Look so good)
(Twist lit - tle girl) __ You know you twist so fine. __ (Twist so fine)

__ You know you got me go - in' now (Got me goin') Just like I knew you would.
__ Come on and twist a lit - tle clo - ser now And let me know that you're
(Twist a lit - tle clo - ser)

(Like I knew you would) — Well, shake it up ba
mine. (Let me know you're mine.) — ___ oo.

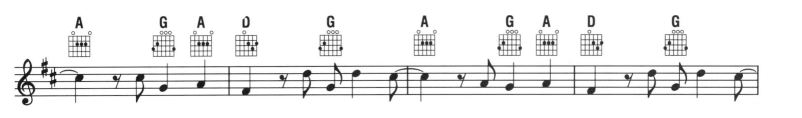

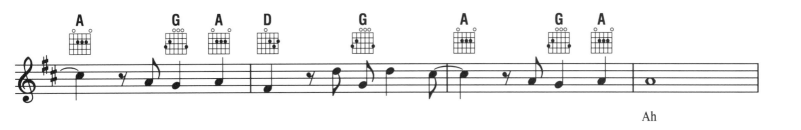

Ah

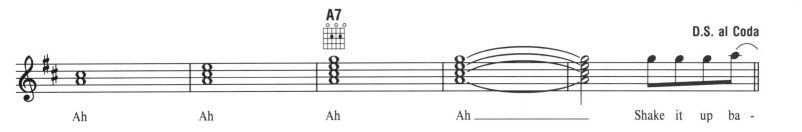

Ah   Ah   Ah   Ah _____ Shake it up ba -

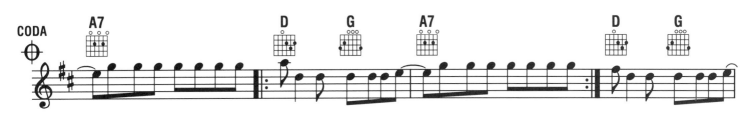

— Well shake it, shake it, shake it, ba-by now, (Shake it up, ba - Well, shake it, shake it, shake it, ba-by now (Shake it up, ba-

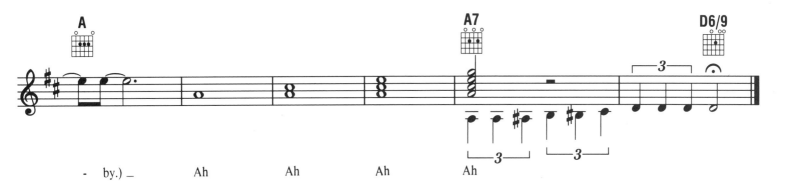

- by.) — Ah   Ah   Ah   Ah

Two Of Us

Words and Music by
John Lennon and Paul McCartney

Fairly bright 2

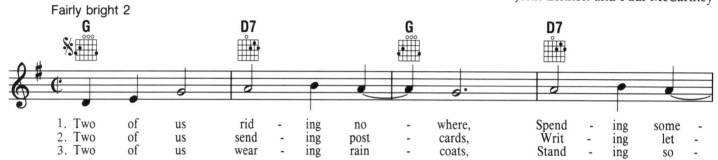

1. Two of us rid - ing no - where, Spend - ing some -
2. Two of us send - ing post - cards, Writ - ing let -
3. Two of us wear - ing rain - coats, Stand - ing so -

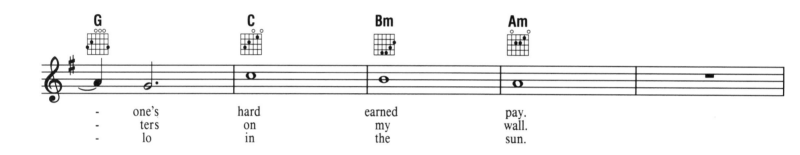

- one's hard earned pay.
- ters on my wall.
- lo in the sun.

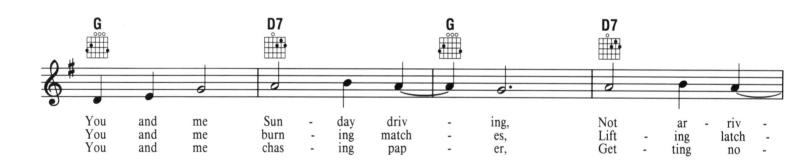

You and me Sun - day driv - ing, Not ar - riv -
You and me burn - ing match - es, Lift - ing latch -
You and me chas - ing pap - er, Get - ting no -

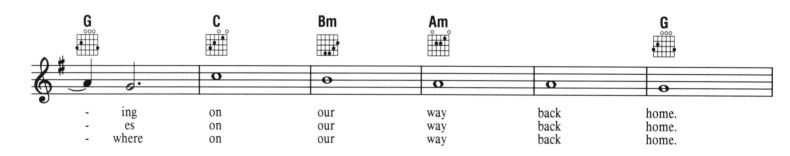

- ing on our way back home.
- es on our way back home.
- where on our way back home.

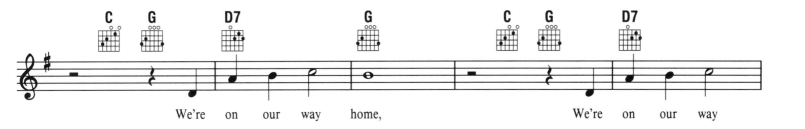

We're on our way home, We're on our way

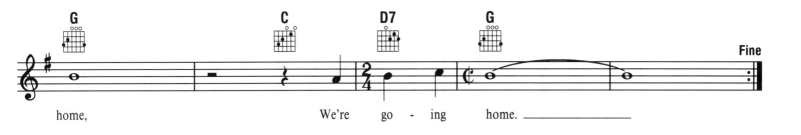

home, We're go - ing home. _____ **Fine**

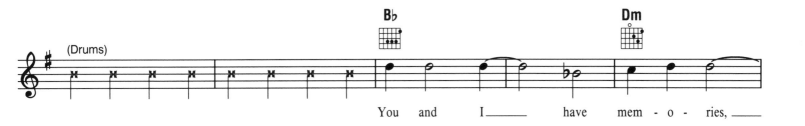

You and I ____ have mem - o - ries, ____

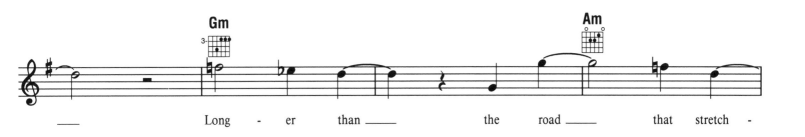

____ Long - er than ____ the road ____ that stretch -

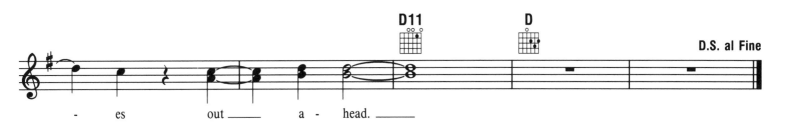

- es out ____ a - head. ____ **D.S. al Fine**

When I'm Sixty Four

Words and Music by
John Lennon and Paul McCartney

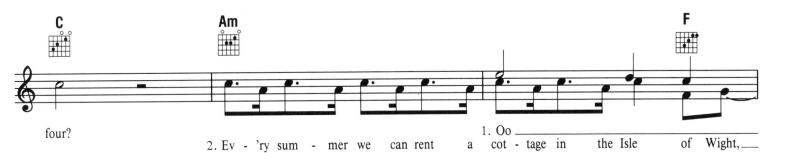

four?

2. Ev - 'ry sum - mer we can rent a cot - tage in the Isle of Wight,___ 1. Oo ___

___ if it's not too dear. ___ We shall

You'll be old - er

scrimp and

(Ah ___

(We shall scrimp and

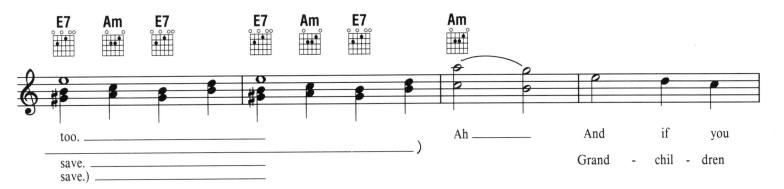

too. ___

save. ___

save.) ___

Ah ___ And if you

Grand - chil - dren

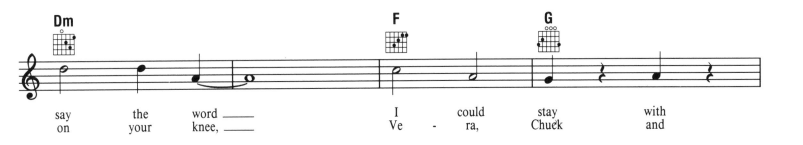

say the word ___

on your knee, ___

I could stay with

Ve - ra, Chuck and

you.

Dave.

N.C.

CODA

four.

While My Guitar Gently Weeps

Words and Music by
George Harrison

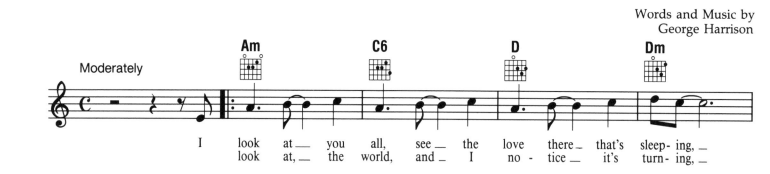

Moderately

I look at __ you all, see __ the love there that's sleep- ing, __
look at, __ the world, and __ I no - tice __ it's turn- ing, __

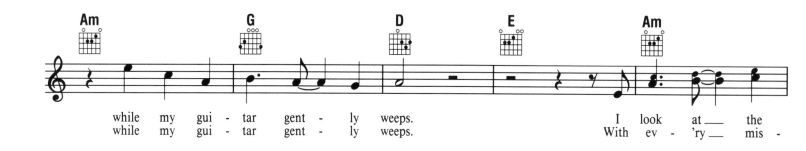

while my gui - tar gent - ly weeps.
while my gui - tar gent - ly weeps.
I look at __ the
With ev - 'ry __ mis-

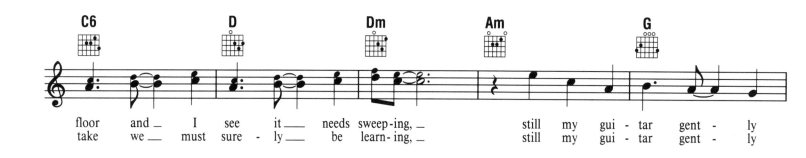

floor and __ I see it __ needs sweep-ing, __
take we __ must sure - ly __ be learn-ing, __
still my gui - tar gent - ly
still my gui - tar gent - ly

weeps.
weeps.
I don't know why _____
I don't know how _____
no - bo - dy told __
you __ were di - vert -

__ you, __
- ed, __
how __ to un - fold your love. _____
you __ were per - vert - ed too. _____

I don't know how _____ some - one con- trolled you, _ they _ bought and
I don't know how _____ you _ were in - vert - ed, _ no - one

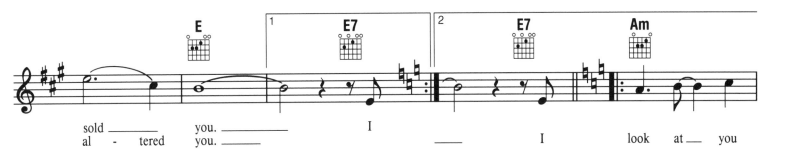

sold _____ you. _____ I
al - tered you. _____ _____ I look at _ you

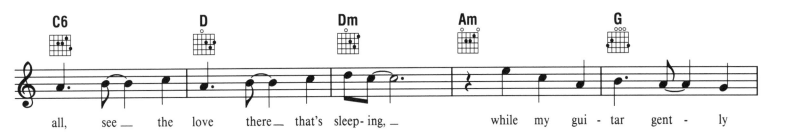

all, see _ the love there _ that's sleep- ing, _ while my gui - tar gent - ly

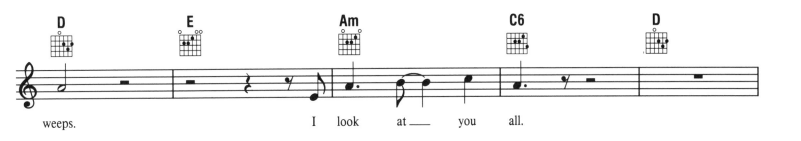

weeps. I look at _ you all.

Repeat and Fade

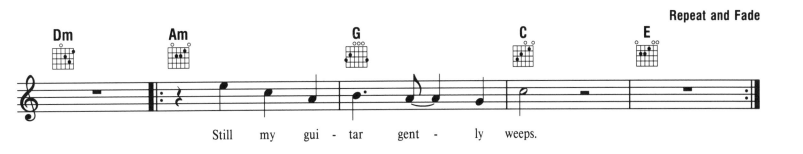

Still my gui - tar gent - ly weeps.

Why Don't We Do It In The Road

Words and Music by
John Lennon and Paul McCartney

Slow beat

Why don't we do it in the road?

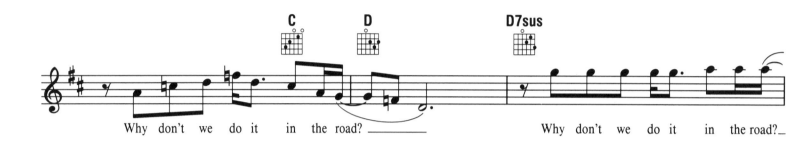

Why don't we do it in the road? _____ Why don't we do it in the road?_

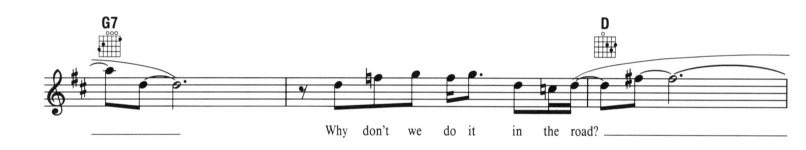

_____ Why don't we do it in the road? _____

_____ No one will be watch-ing us _____ why _____ don't we do it in the road?_

Why don't we do it in the road?_ _____

The Word

Words and Music by
John Lennon and Paul McCartney

Say the 1.2.3. word — and you'll be free,   Say the word — and be like me.   Say the
4. word — a chance to say   That the word — is just the way.   It's the

word — I'm think-ing of,   Have you heard? — the word is "love?"   It's so fine, — it's
word — I'm think-ing of,   And the on - ly word is love.

sun - shine. — It's the word _____ "love."

In the be - gin - ning   I   I
Ev - 'ry-where I go   I   I
Now that I know what   I

mis - un - der- stood, —   But now I've got it,   the word is good. — Say the
hear it said —   In the good and the bad books that I have read. — Say the
feel must be right, —   I mean to show ev - 'ry-bo-dy the light. — Give the _____   Say the

word _____ love _____   Say the word _____ love _____   Say the word _____ love _____   Say the

word _____ love. _____   (fade)

With A Little Help From My Friends

Words and Music by
John Lennon and Paul McCartney

What would you do ___ if I sang ___ out of tune, ___ would you stand ___
What do I do ___ when my love ___ is a - way? ___ (does it wor -
Would you be - lieve ___ in a love ___ at first sight? ___ yes I'm cer -

___ up and walk ___ out on me? ___ Lend me your ears ___ and I'll sing ___
- ry you to be a - lone?) How do I feel ___ by the end ___
- tain that it hap - pens all the time. (What do you see ___ when you turn ___

___ you a song ___ and I'll try ___ not to sing ___ out of key, ___ Oh } I get by ___
___ of the day? ___ (are you sad ___ be - cause you're ___ on your own?) No } Oh } I get by ___
___ out the light?) ___ I can't tell ___ you, but I know ___ it's mine. ___ Oh }

___ with a lit-tle help ___ from my friends, ___ Mm, I get high ___ with a lit-tle help ___ from my friends, ___

___ Mm, I'm gon-na try ___ with a lit-tle help ___ from my friends. ___ (Drums) ___
___ Oh, I'm gon-na try ___

(Do you need ___ an-y-bod-y?) I need some-bod-y to love___
(Do you need ___ an-y-bod-y?) I just need some-one to love.___

(Could it be ___ an-y-bod-y?) I want some-bod-y to love.___
(Could it be ___ an-y-bod-y?) I want some-bod-y to love.___

To Coda ⊕

D.C. al Coda

___

CODA ⊕

___ Oh I get by ___ with a lit-tle help ___ from my friends,___

___ Mm I'm gon-na try ___ with a lit-tle help ___ from my friends, ___ Oh I get high___

___ with a lit-tle help ___ from my friends,___ Yes I get by ___ with a lit-tle help ___ from my friends,___

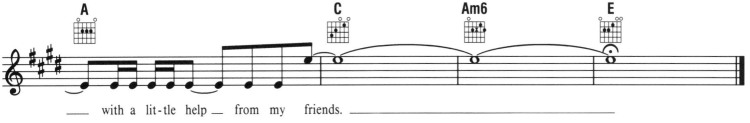

___ with a lit-tle help ___ from my friends. _____

Yellow Submarine

Words and Music by
John Lennon and Paul McCartney

March tempo

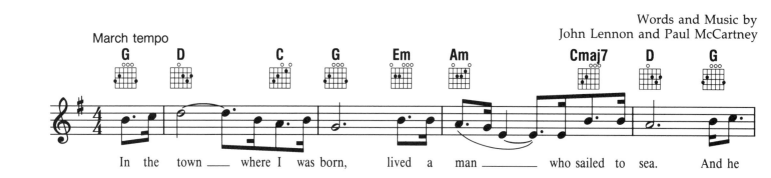

In the town ___ where I was born, lived a man ___ who sailed to sea. And he

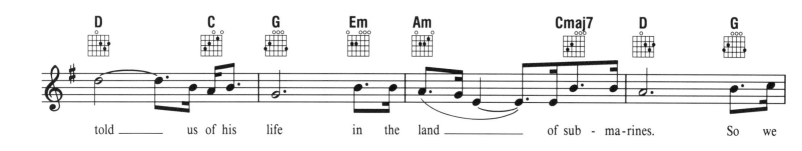

told ___ us of his life in the land ___ of sub-ma-rines. So we

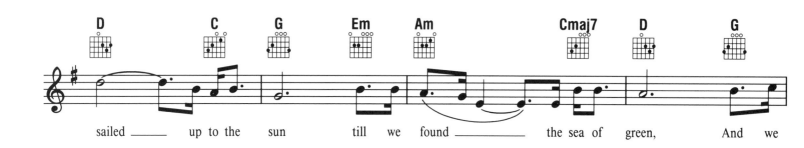

sailed ___ up to the sun till we found ___ the sea of green, And we

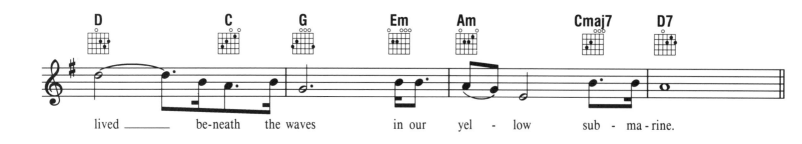

lived ___ be-neath the waves in our yel-low sub-ma-rine.

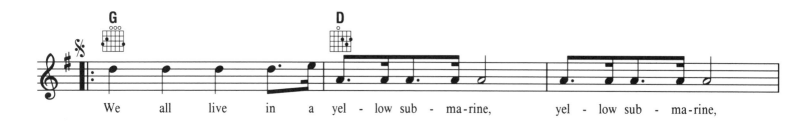

We all live in a yel-low sub-ma-rine, yel-low sub-ma-rine,

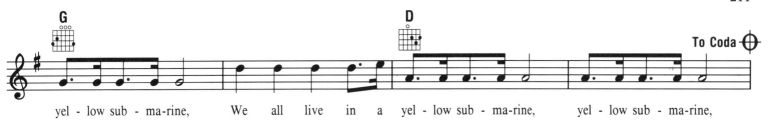

yel - low sub - ma - rine, We all live in a yel - low sub - ma - rine, yel - low sub - ma - rine,

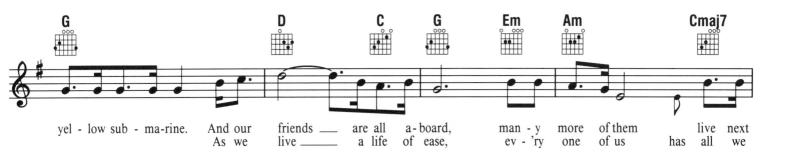

yel - low sub - ma - rine. And our friends ___ are all a - board, man - y more of them live next
As we live _____ a life of ease, ev - 'ry one of us has all we

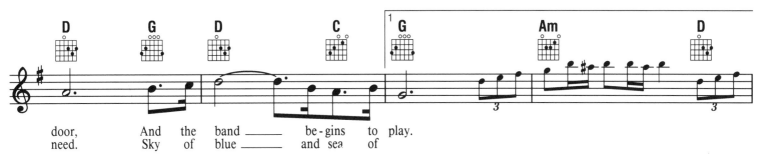

door, And the band _____ be - gins to play.
need. Sky of blue _____ and sea of

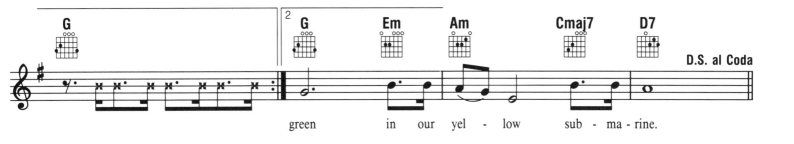

green in our yel - low sub - ma - rine.

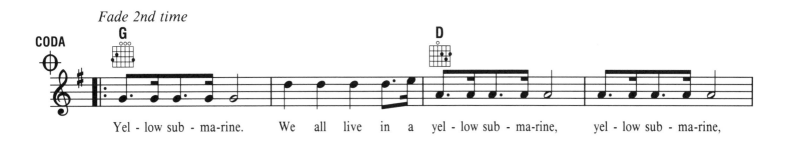

Yel - low sub - ma - rine. We all live in a yel - low sub - ma - rine, yel - low sub - ma - rine,

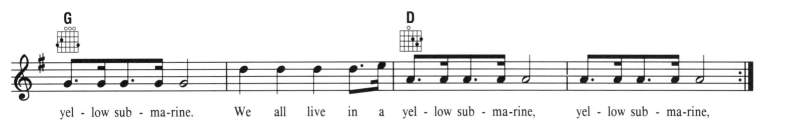

yel - low sub - ma - rine. We all live in a yel - low sub - ma - rine, yel - low sub - ma - rine,

Yes It Is

Words and Music by
John Lennon and Paul McCartney

Yesterday

Words and Music by
John Lennon and Paul McCartney

Yes - ter - day   all my trou - bles seemed so far a-way,
Sud - den - ly   I'm not half the man I used to be,
Yes - ter - day   love was such an eas - y game to play,

Now it looks as though they're here to stay, _ Oh I be - lieve _ in yes - ter - day. _
There's a sha - dow hang - ing ov - er me, _ Oh yes - ter - day _ came sud - den - ly. _
Now I need a place to hide a - way, _ Oh I be - lieve _ in

Why she had to go I don't know she would - n't say. _

I said some - thing wrong, now I long for yes - ter - day. _____

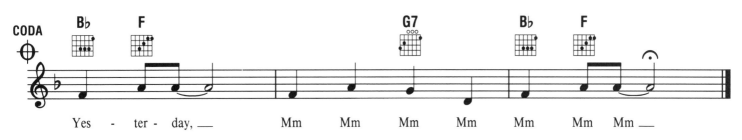

Yes - ter - day, ___ Mm Mm Mm Mm Mm Mm Mm ___

You Can't Do That

Words and Music by
John Lennon and Paul McCartney

I got

some-thing to say that might cause you pain,__ If I catch you talk-ing to that boy a-gain,__ I'm gon-na

let you down _____ and leave you flat. _____ Be-cause I

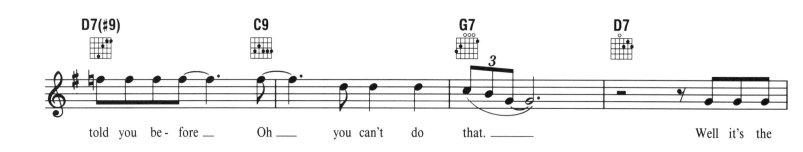

told you be-fore __ Oh __ you can't do that. _____ Well it's the

se-cond time I've caught you talk-ing to him. __ Do I have to tell you one more time, I
Please lis-ten to me if you wan-na stay mine.__ I can't help my feel-ings, I'll go

think it's a sin,__ I think I'll { let you down ____ and leave you flat. _____
out of my mind,__ I know I'll {

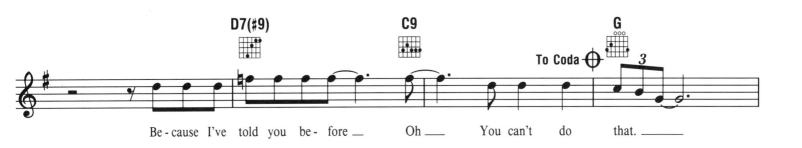

Be - cause I've told you be - fore __ Oh __ You can't do that. _____

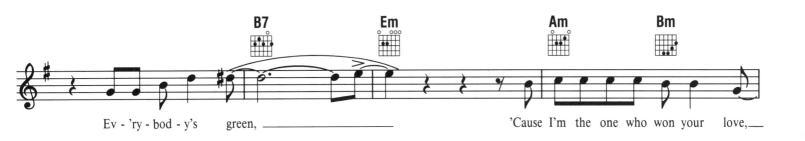

Ev - 'ry - bod - y's green, _____ 'Cause I'm the one who won your love,__

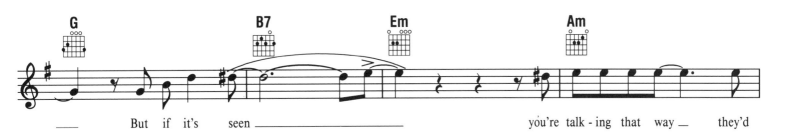

____ But if it's seen _____ you're talk - ing that way __ they'd

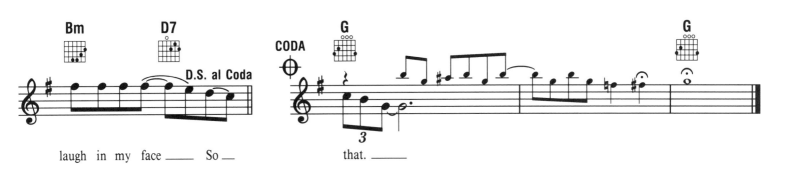

laugh in my face ___ So __   that. _____

You Never Give Me Your Money

Words and Music by
John Lennon and Paul McCartney

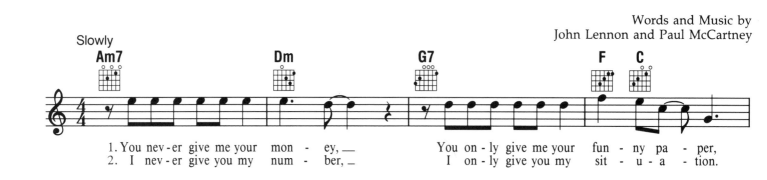

Slowly

1. You nev-er give me your mon-ey, ___ You on-ly give me your fun-ny pa-per,
2. I nev-er give you my num-ber, ___ I on-ly give you my sit-u-a-tion.

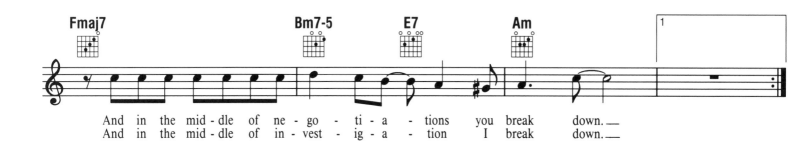

And in the mid-dle of ne-go-ti-a-tions you break down. ___
And in the mid-dle of in-vest-ig-a-tion I break down. ___

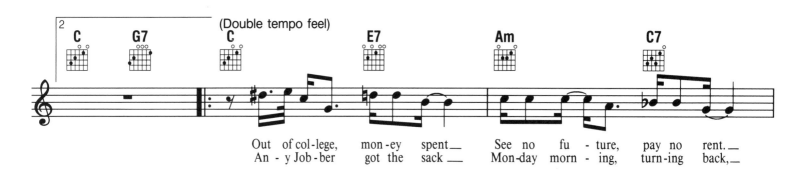

(Double tempo feel)

Out of col-lege, mon-ey spent ___ See no fu-ture, pay no rent. ___
An-y Job-ber got the sack ___ Mon-day morn-ing, turn-ing back, ___

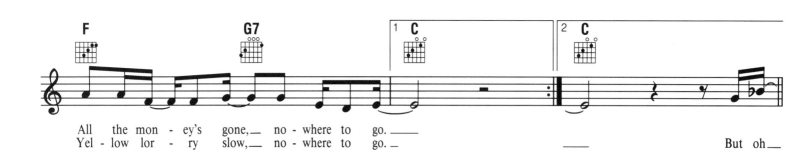

All the mon-ey's gone, ___ no-where to go. ___
Yel-low lor-ry slow, ___ no-where to go. ___
But oh ___

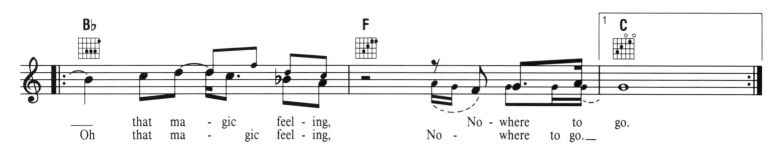

___ that ma-gic feel-ing, No-where to go.
Oh that ma-gic feel-ing, No-where to go. ___

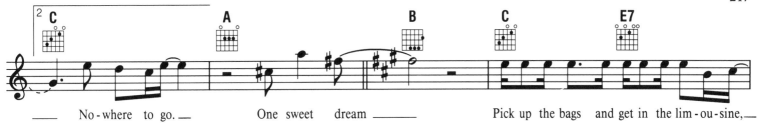

No-where to go. — One sweet dream _____ Pick up the bags and get in the lim-ou-sine, —

— Soon we'll be a-way — from here, — Step on the gas and wipe — that tear a-way.

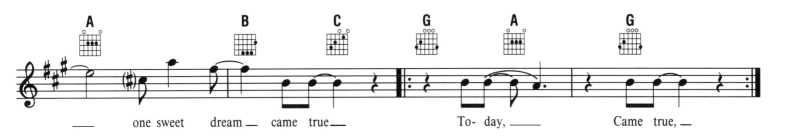

— one sweet dream — came true— To-day, _____ Came true, —

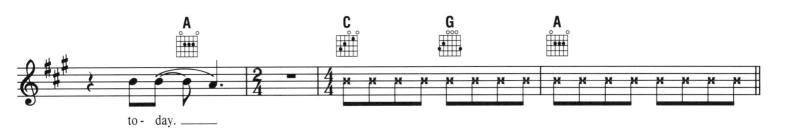

to - day. _____

One, two, three, four, five, six, sev-en, All good child-ren go to hea-ven.

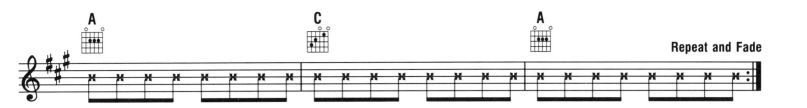

You Won't See Me

Words and Music by
John Lennon and Paul McCartney

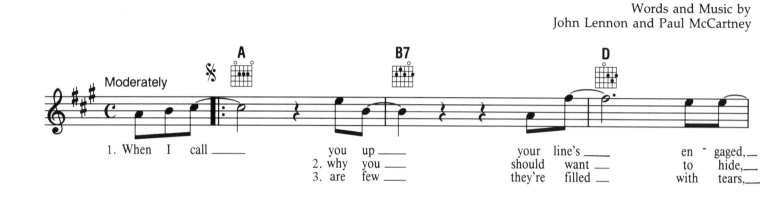

Moderately

1. When I call ____ you up ____ your line's ____ en - gaged,
2. why you ____ should want ____ to hide,
3. are few ____ they're filled ____ with tears,

____ I have had ____ e-nough, ____ so act ____ your age.
but I can't ____ get through, ____ my hands ____ are tied.
and since I ____ lost you, ____ it feels ____ like years.

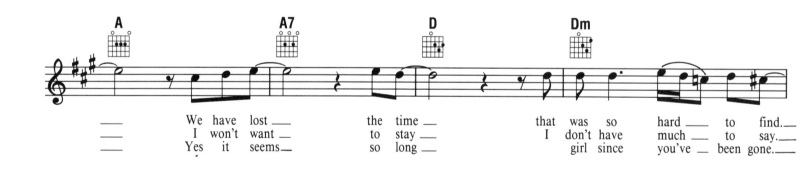

____ We have lost ____ the time ____ that was so hard ____ to find.
____ I won't want ____ to stay ____ I don't have much ____ to say.
____ Yes it seems ____ so long ____ girl since you've ____ been gone.

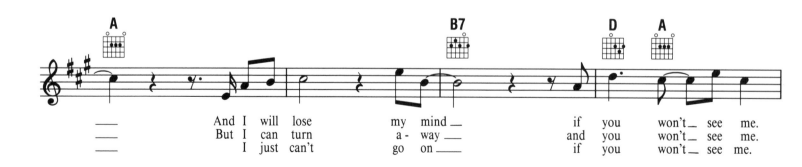

____ And I will lose ____ my mind ____ if you won't ____ see me.
But I can turn a - way ____ and you won't ____ see me.
____ I just can't go on ____ if you won't ____ see me.

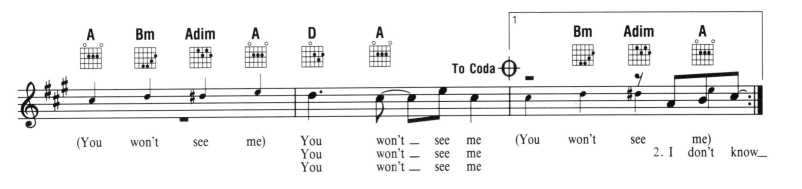

(You won't see me) You won't — see me (You won't see me)
You won't — see me
You won't — see me
2. I don't know__

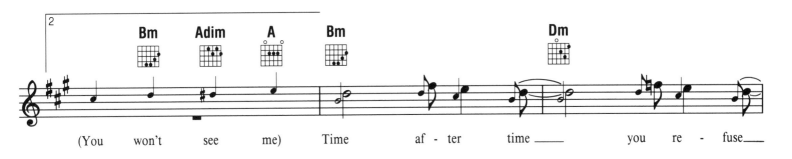

(You won't see me) Time af - ter time ___ you re - fuse___

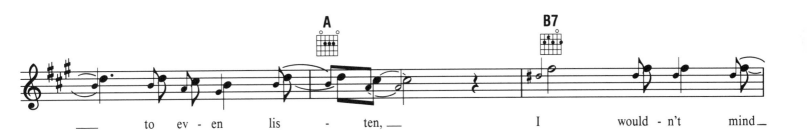

___ to ev - en lis - ten, ___ I would - n't mind___

___ if I knew ___ what I ___ was miss - ing. ___ Though the days___
No ___ I would - n't, no ___ I would -n't. The days___

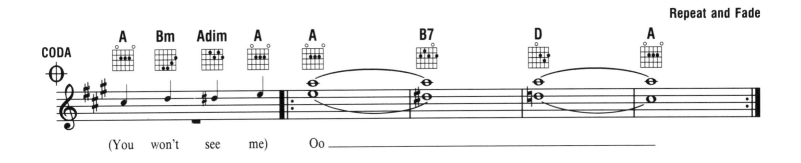

(You won't see me) Oo ___

You're Going To Lose That Girl

Words and Music by
John Lennon and Paul McCartney

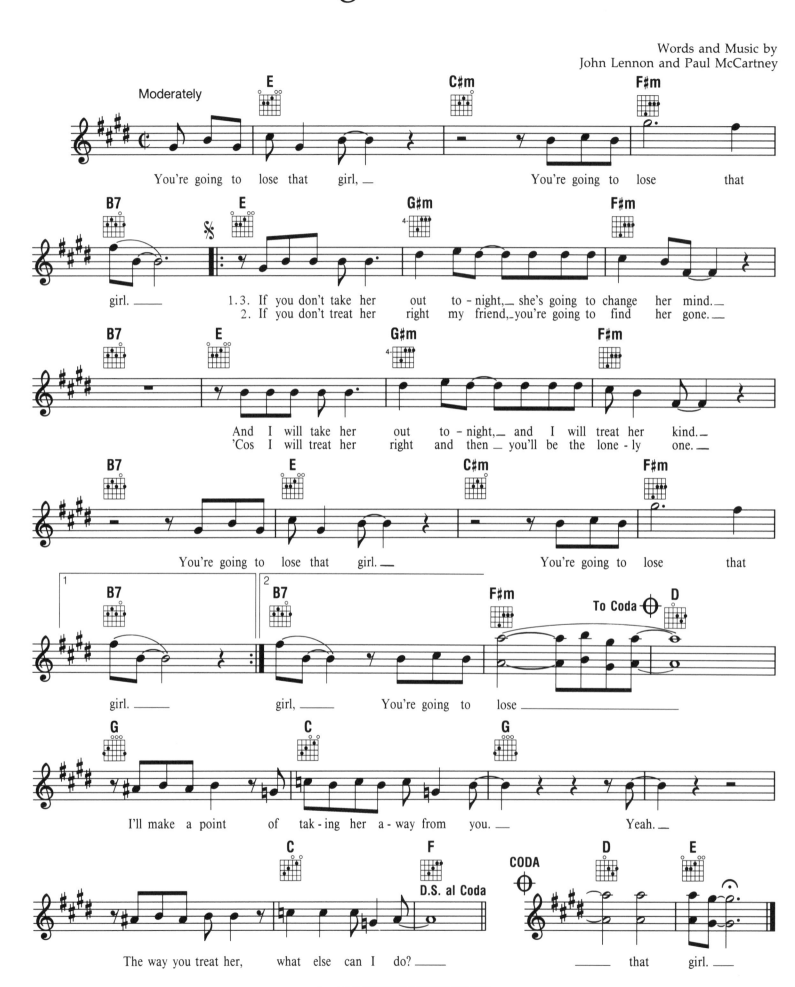

You've Got To Hide Your Love Away

Words and Music by
John Lennon and Paul McCartney

1. Here I stand with head in hand — turn my face to the wall.
2. Ev-'ry where peo-ple stare — each and — ev-'ry day.
3. How can I ev-en try? — I can — nev-er win.
4. How could she say to me — love will — find a way?

If she's gone I can't go on — feel-ing two foot small.
I can see them laugh at me — and I hear them say,
Hear-ing them, see-ing them — in the state I'm in.
Ga-ther round all you clowns, — let me hear you say,

Hey you've got to hide your love a-way.

4th time to Coda
D.S. al Coda

Hey you've got to hide your love a-way.

CODA

Your Mother Should Know

Words and Music by
John Lennon and Paul McCartney

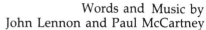

Moderately

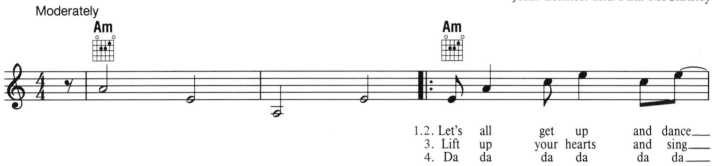

1.2. Let's all get up and dance ___
3. Lift up your hearts and sing ___
4. Da da da da da da ___

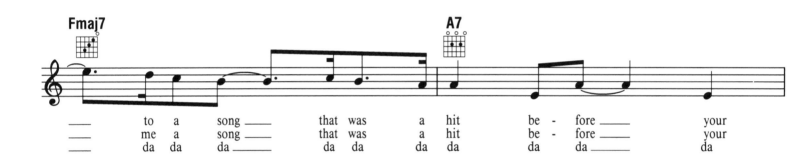

___ to a song ___ that was a hit be - fore ___ your
___ me a song ___ that was a hit be - fore ___ your
___ da da da ___ da da da da da da ___ da

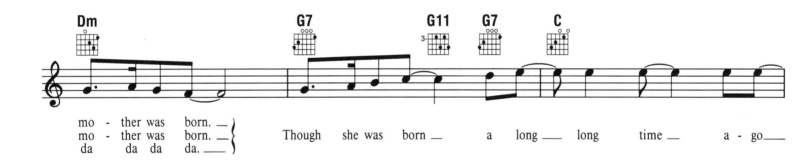

mo - ther was born. ___
mo - ther was born. ___
da da da da. ___

Though she was born ___ a long ___ long time ___ a - go ___

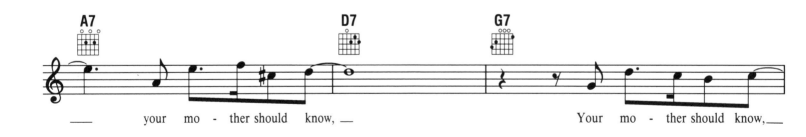

___ your mo - ther should know, ___

Your mo - ther should know, ___

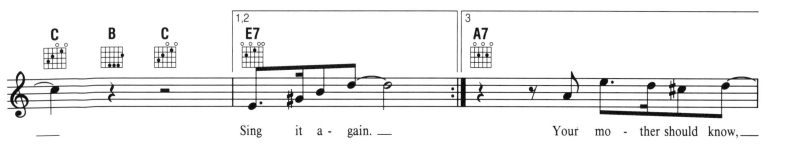

Sing it a - gain. ___ Your mo - ther should know, ___

your mo - ther should know. ___

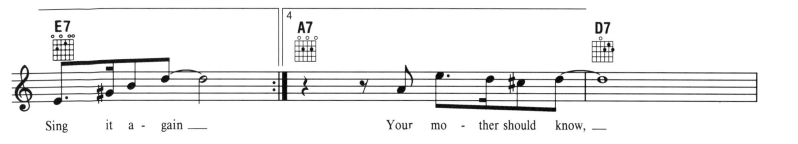

Sing it a - gain ___ Your mo - ther should know, ___

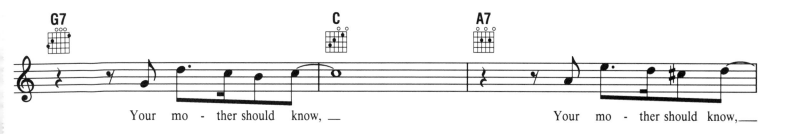

Your mo - ther should know, ___ Your mo - ther should know, ___

your mo - ther should know ___ yeh. ___